SPIELERISCH LERNEN

Alltags-kompetenzen

Praxisreihe Kindergarten

Inhaltsverzeichnis

Alltags-kompetenzen

SPIELERISCH LERNEN

Alltagskompetenzen für Kita-Kinder

EIN WERKZEUGKOFFER FÜR DAS GANZE LEBEN

Wissen, das sich nicht täglich vermehrt, nimmt ab – sagt ein altes chinesisches Sprichwort. Jeden Tag aufs Neue und ohne Zutun von Erwachsenen eignen sich Kinder ihr Wissen selbst an, wenn die Bedingungen dafür stimmen. In den vergangenen Jahren hat sich in der Pädagogik – und vor allem in der Kindergartenpädagogik – der Blick von der Aneignung von Sachwissen und Fachkompetenz wegverlagert und mehr auf die Erringung der Grund- oder Lebenskompetenzen gelegt.

Nicht (nur) das Sachwissen über Dinosaurier, Schmetterlinge oder Eisenbahnen, das sich Kinder im Verlauf ihrer Kita-Zeit erobern, ist wichtig, damit sie ihr weiteres Leben meistern. Vielmehr stehen die Kompetenzen im Vordergrund, die Kinder in ihrem Leben nach der Kita optimalerweise als Werkzeug zur Verfügung haben, um sich weiterentwickeln, um lernen und verstehen zu können.

Dazu bedarf es keines hohen Intelligenzquotienten, keiner schon in der Kita gelernten Zweit- oder Fremdsprache, Kinder benötigen dazu keine Lernsoftware, kein spezielles Förderprogramm, sondern einfach nur die Freiheit und Möglichkeit, selbst lernen, spielen, ausprobieren und erfahren zu dürfen.

Mehr als 38 Stunden verbringen Kinder laut einer Studie des Statistischen Bundesamtes in der Kita: mehr Zeit, als Erwachsene mit einer durchschnittlichen 37,5-Stunden-Woche an ihrem Arbeitsplatz zubringen. Zugleich sinkt das Eintrittsalter von Kindern. Mit dem Ausbau von Krippen bzw. der Betreuung von Kindern unter 3 Jahren ergibt sich, dass stets mehr und immer jüngere Kinder mehr Zeit in der Kita verbringen.

Der Trend stellt die Einrichtungen vor große Anforderungen. Beispielsweise kommt auf die Kita vermehrt die Aufgabe zu, auch solche Fertigkeiten und Fähigkeiten mit den Kindern zu erarbeiten, die früher noch im Verantwortungsbereich des Elternhauses lagen. „Sauberkeitserziehung“ kann nicht im Elternhaus stattfinden, wenn das Kind den Hauptteil seiner Zeit in der Kita zubringt. Sich Tischmanieren aneignen? Nicht länger eine Frage von Religionszugehörigkeit oder sozialem Milieu, sondern einer der alten und neuen Bildungsinhalte der Kita.

Was genau sind die wichtigen Grund- und Alltagskompetenzen, damit Kinder ihr Leben erfolgreich bewältigen können und Meister ihrer eigenen Welt werden?

Als Grund- oder Alltagskompetenzen können all die Fähigkeiten und Fertigkeiten verstanden werden, die notwendig sind, damit ein Individuum entsprechend seines Alters sein Leben innerhalb seiner Kultur selbstständig führen kann. Doch während Begriffe wie „eingeschränkte Alltagskompetenz“, beispielsweise aufgrund von Demenz bei älteren Personen, zum Stichwort in der Diskussion über die Pflege von Senioren geworden sind, finden pädagogische Fachkräfte in Kita und Kiga kaum nennenswerte Literatur.

Schuhe binden, allein zur Toilette gehen, Aufforderungen verstehen, Geduld und motorische Ruhe: Kindergartenkinder, die von der Kita in die Schule wechseln, sollen diese und andere Alltagskompetenzen optimalerweise gut trainiert mitbringen. Ein Rucksack voller Fähigkeiten und Fertigkeiten, die die Schule voraussetzt, das Elternhaus aber nicht mehr oder nicht immer einübt oder einüben kann. Bitte und Danke sagen, mit Besteck essen, genug und gesund trinken, Verantwortung für den eigenen Körper übernehmen, sich selbstständig an- und ausziehen, einen Stift halten, im Straßenverkehr aufmerksam sein ... Die Liste der wichtigen Dinge ließe sich unendlich fortführen.

Während die öffentliche Debatte Bildungsbereiche wie naturwissenschaftliche Grunderfahrungen und den Fremdsprachenerwerb im Kindergarten diskutiert, haben Schulanfänger Schwierigkeiten, sich in eine Klassengemeinschaft einzufügen und sich im Schwimmunterricht innerhalb einer angegebenen Zeit an- und auszuziehen.

Alltagskompetenzen sind wichtig und vielleicht sogar ein bisschen wichtiger als Lernkompetenzen und sie sind vermehrt zum Bildungs- und Erziehungsziel von Kindertageseinrichtungen geworden. In diesem Heft finden Sie Übungen, Ideen, Spiele und Vorschläge, wie Sie Kinder dabei begleiten können, sich genau diese Fähig- und Fertigkeiten spielerisch anzueignen: vom Knöpfreim über die Reißverschlusshilfe bis hin zum Tischset.

> *„Keiner kann dem Kind seine Arbeit abnehmen, die darin besteht, den Menschen aufzubauen, den es aufbauen muss. Keiner kann für das Kind wachsen.“*
>
> Maria Montessori

FEINMOTORIK

Fingerspitzengefühl, Fingergnosie und Geschicklichkeit

Die Hände sind unsere wichtigsten Werkzeuge. Auf den folgenden Seiten finden Sie Spiele und Gestaltungsideen, bei denen die Hände arbeiten dürfen. „Hand-Werk" ist für Kinder im Kindergartenalter noch teilweise schwierig und mit viel Konzentration und Durchhaltevermögen verbunden. Darum sprechen die folgenden Ideen die Kinder durch einen hohen Aufforderungscharakter und mit Abstechern in die Welt der Märchen, Meere und alten Zeiten besonders an und verbinden Spaß und Spannung mit anspruchsvoller Fingerarbeit.

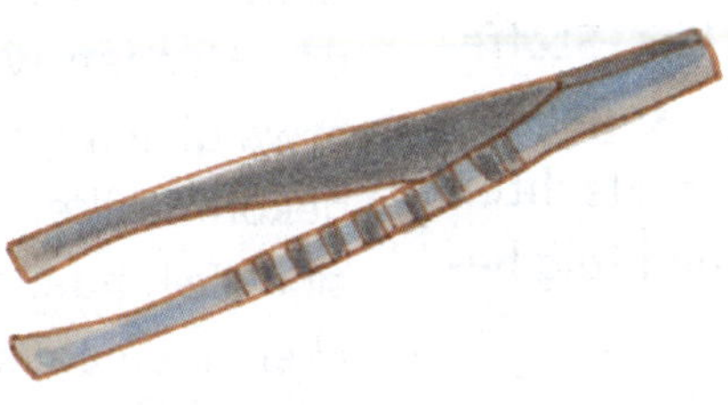

Flechtwerk

Feinmotorikspiele mit Seilen und Teig

Flechten ist eine alte Kulturtechnik, die Spaß macht, Feinmotorik und räumliches Vorstellungsvermögen trainiert und Haare in Form bringt. Bei uns flechten die Kinder erst „als Trockenübung" mit Seilen und später einen Minizopf aus Teig. Beim Flechten kommt es auf eine gute visuelle Wahrnehmung an, um im Gewirr der Flechtstränge den Überblick zu bewahren, und dementsprechend auch auf die Auge-Hand-Koordination.

Feinmotorikspiel ab 4 Jahren

MATERIAL

- 1 Wandhaken
- 3 Seile

Den Wandhaken an einer geeigneten Wand anbringen. Die drei Seile an einem Ende verknoten und in den Haken einhängen. Hier können die Kinder das Flechten üben. Achten Sie darauf, dass jedes Kind einmal am Haken flechten darf, sofern es das möchte.

Was könnte man noch alles flechten? Nehmen Sie die Ideen der Kinder auf: Flechten lassen sich Haare, Geschenkbänder, Tücher, Stoffe, Lederstreifen, Bast, Weidenzweige, sogar Papierstreifen. Wenn die Kinder sich im Flechten sicher fühlen, können Sie sich an einen Teig heranwagen.

FÜR DEN TEIG:

(für 4 Minizöpfe)

- 1 Ei
- 6 Esslöffel Öl
- 150 g Quark oder Frischkäse (Magerstufe)
- 6 Esslöffel Milch
- 300 g Mehl
- 1 Prise Salz
- 1 Päckchen Backpulver
- 70 g Zucker
- 1 Päckchen Vanillezucker

Für den Teig zunächst alle flüssigen Zutaten (Ei, Öl, Quark, Milch) miteinander verrühren. Die festen Zutaten (Mehl, Salz, Backpulver, Zucker und Vanillezucker) mischen und dann mit den Knethaken des Rührgerätes unterkneten. Mit den Händen weiterkneten. Den Teig in zwölf etwa gleich große Portionen teilen. Jedes Kind bekommt drei Portionen. Mit etwas Mehl rollen sich die Kinder nicht zu lange Stränge, die sie locker zu einem kurzen Zopf flechten. Bei 175 °C für etwa 25 bis 30 Minuten goldbraun backen.

Der Butterbrotreim

Mitmachgedicht zum Brotschmieren

Wie man erfolgreich ein Butterbrot schmiert? Nicht immer ganz einfach. Dazu benötigen die Kinder Konzentration und feinmotorisches Geschick. Der Drache Dilli zeigt, wie man es am besten nicht macht. Üben Sie mit den Kindern passend zum Reim!

Mitmachgedicht
ab 3 Jahren

MATERIAL

- Brotscheiben in einem Körbchen
- Messer
- Teller
- weiche Butter
- Marmelade

SO MACHT'S DER DRACHE DILLI:

Ich schnapp mir von 'nem andern Teller
ein Scheibchen Brot, da ich bin schneller.
Beiße rein und huste Krümel,
lieg auf dem Tisch, ich bin ein Lümmel.
Bestreichen? Da bin ich zu faul,
schieb mir Nutella gleich ins Maul.

SO KÖNNTEN SIE ES MACHEN:

Danke, ich nehm' gern ein Scheibchen
von diesem Brot, dem leck'ren Laibchen.
Leg es auf den Teller hin,
weil ich ganz schön hungrig bin.
Etwas Butter mit dem Messer,
ich bin ein guter Butteresser.
Die Butter streiche ich jetzt auf,
hin und her, ich pass gut auf.
Marmelade kommt dazu
und dann? Dann beiß' ich rein im Nu!

Wettfädeln

XXL-Fädelspaß für Kinder mit unterschiedlicher feinmotorischer Entwicklung

Dieses Spiel verbindet Grob- und Feinmotorik miteinander. Es geht um Schnelligkeit und gleichzeitig darum, konzentriert und ruhig auffädeln zu können. Das alles als Wettspiel. Das Spiel macht nicht nur im Gruppenraum, sondern auch im Außengelände oder auf Festen Spaß.

Spiel
ab 2 Jahren

MATERIAL FÜR DIE EINFACHE VARIANTE:

- leere Geschenkbandrollen
- leere Toilettenpapierrollen
- leere Geschenkpapierrollen, in Stücke geschnitten
- Scheren
- Gardinenringe
- Käseschachteln ohne Deckel und Boden
- Seile
- 1 Wäschekorb
- mehrere Stühle oder Pylonen

MATERIAL FÜR DIE SCHWIERIGE VARIANTE:

- leere Kugelschreiberhülsen
- kurze Makkaroni (abgelaufene Packung)
- dicke Perlen mit großer Öffnung
- Büroklammern
- Muttern
- Kordel, Schnur oder Band
- 1 große Schachtel
- mehrere Stühle oder Pylonen

Die Kinder teilen sich in zwei etwa gleich starke Teams auf. Jedes Kind bekommt ein Seil (Kinder unter 3 Jahren) oder ein Stück Kordel oder Schnur (Kinder ab 3 Jahren). Ans untere Ende knoten die Kinder ein möglichst großes Teil aus dem Korb oder der Schachtel. Die Schachtel und den Wäschekorb an einem Ende des Spielfeldes oder Raums aufstellen. Am gegenüberliegenden Ende stellen sich die Teams mit ihren Seilen und Kordeln auf. Im Spielfeld werden die Stühle als Slalomparcours verteilt.

Auf ein Zeichen hin starten jeweils zwei Kinder (eines aus jedem Team). Sie rennen um die Hindernisse (Stühle, Pylonen) ans Ziel, wählen dort ein Stück aus, das sie auf ihre Kordel oder ihr Seil fädeln, und rennen um die Hindernisse wieder zurück. Sobald sie ankommen, startet der nächste Spieler. Sieger ist das Team, das als erstes einen kompletten Durchlauf fertig hat – oder das am meisten Teile aufgefädelt hat, sobald das Material ausgeht.

Variation mit weniger Bewegung: Wettauffädeln im Sitzkreis rund um Korb und Schachtel. Wer als Erster seine Kordel oder sein Seil gefüllt hat, ist Sieger.

Schlüsselspiele

Spiele und Experimente mit Schlüsseln und Schlössern

Eine Tür aufschließen? Ein Tagebuch mit Schloss öffnen? Schlüssel und Schlösser bieten unzählige Spielmöglichkeiten, um die Feinmotorik zu trainieren – und sind außerdem spannend und geheimnisvoll …

Spiele und Experimente ab 3 Jahren

MATERIAL

- unterschiedliche ausgebaute, ausrangierte oder gekaufte/geliehene Schlösser mit ihren Schlüsseln
- Vorhängeschlösser in verschiedenen Größen samt Schlüsseln
- Schlösser von Reisekoffern oder Tagebüchern mit Schlüsseln
- Schlösser mit Zahlenkombinationen
- weitere Schlüssel ohne Schloss (Autoschlüssel, elektronische Schlüssel ohne Bart, Schlüsselkarten …)
- 1 Korb zum Aufbewahren

Alle Schlösser und Schlüssel kommen wild durcheinander auf den Tisch. Die Kinder können die Schlösser zunächst betrachten. Wissen sie, wie die Schlösser heißen? Jedes Kind darf sich ein Schloss aussuchen. Dann probieren die Kinder, den passenden Schlüssel zu finden.

Den Schlüssel ins Schlüsselloch zu stecken ist an sich schon nicht einfach. Lassen Sie die Kinder selbst herausfinden, wie das Schloss zu öffnen ist und wie es abschließt. Klären Sie gemeinsam Fragen: Wofür braucht man Schlüssel? Welche Arten von Schlüsseln gibt es? Welches Schloss könnte man wo anbringen? Wo befinden sich Schlösser normalerweise, und warum? Warum ist Abschließen wichtig? Zu welchen Schlüsseln gab es auf dem Tisch kein Schloss?

Üben Sie ein, wie man Schlösser von Türen aufschließt: Von der Türöffnung/Klinke weg bedeutet: auf/offen, zur Türklinke/Türöffnung hin: zu/geschlossen. Wie heißen die Teile eines Schlüssels (Bart, Schlüsselgriff = Reide/Reite)?

Noch mehr Ideen: Falls Sie mehrere gleiche Schlüsselpaare finden können, bietet sich ein „Memory"-Spiel mit den Schlüsseln an.

Mein Knotenkarton

Förderspielzeug für Finger und Augen selbst gemacht

Schuhe binden soll wichtig sein für die Schule. Das Binden von Schleifen ist wichtig für das Leben! Aber nicht, weil Kinder ab einem bestimmten Alter sich selbst die Schuhe binden können sollten (Schuhe mit klassischen Schnürsenkeln werden für diese Altersgruppe immer seltener), sondern weil das Knoten, Binden, Winden und Beschäftigen mit Schnur und Kordel einfach spannend ist. Vor allem, wenn sich die Kinder einen eigenen Knotenkarton herstellen dürfen, an dem sie nach Herzenslust knoten, knibbeln und binden dürfen.

Förderspiel
ab 4 Jahren

MATERIAL

- Schuhkartons in verschiedenen Größen
- Bücher oder Kieselsteine zum Füllen und Beschweren
- Scheren
- Cutter/Teppichmesser (benutzen nur Erwachsene)
- Paketklebeband
- Seile und Schnüre
- schwarze Filzstifte
- nach Wunsch bunte flüssige Farben

Die Kinder können die Schuhkartons nach Wunsch außen bunt bemalen oder bedrucken. Gut trocknen lassen. Nun an zwei sich gegenüberliegenden Punkten runde Öffnungen in den Kartondeckel schneiden, z. B. sechs Öffnungen, die sich wie bei einem Augenwürfel direkt gegenüberliegen. Die Öffnungen sollten etwa die Größe von einem Eurostück haben. An den Rändern kleben die Kinder die Öffnungen/Löcher mit Stücken von Paketklebeband so ab, dass keine scharfen Kanten mehr abstehen. Die Kartons innen mit Material zum Beschweren beladen, Deckel aufsetzen oder zuklappen. Der Deckel hält besser, wenn die Kinder ihn mit Klettklebeband befestigen. Beim Öffnen müssen die Kinder also zunächst die Klettverschlüsse öffnen. Der Vorteil ist, dass der Deckel abgenommen werden kann, andererseits aber auf dem Karton hält, während das Kind knotet und spielt.

Die Kinder können in einem ersten Schritt ihr Seil oder ihre Kordel durch die Öffnungen fädeln. Wie wäre es, wenn dieser Karton ein Schuh wäre? Wie würden die Kinder die Kordel dann fädeln? Wie funktioniert ein Knoten? Am Karton können die Kinder zunächst nur das Fädeln und das Knoten üben.

Erst zum Abschluss können die Kinder knobeln, wie man eine Schleife binden könnte. Helfen Sie nur auf Nachfragen der Kinder!

Tipp:
Benutzen Sie unterschiedlich farbige Schnürsenkel für jede Seite, sodass beim Schleifebinden die beiden Seiten farblich gut zu unterscheiden sind. Das hilft bei den ersten Versuchen.

ZAUBERTRICK FÜR DIE KINDER:

Machen Sie aus einem Seil eine Schleife mit nur einer Schlaufe (sodass es aussieht, als wäre ein Knoten im Seil) und lassen Sie die Kinder an einem Ende des Seils ziehen: Die Schlaufe löst sich sofort wie von Zauberhand.

Extratipp:
Einen Sprechreim und eine genauere Anleitung zum Schleifebinden finden Sie im Kapitel „Hören & Sprechen“ auf Seite 53.

SCHLEIFEN BINDEN:

Wo ist das heute noch wichtig?
Die „Schleife“ ist eine praktische Erfindung, denn sie hält eine Kordel, Schnur oder ein Stück Stoff in der gewünschten Position und ist doch jederzeit leicht wieder aufzuziehen. Korrekt heißt die Schleife übrigens „doppelt auf Slip gelegter Kreuzknoten“. Der Name sagt es schon: So einfach ist es gar nicht, eine Schleife zu binden.

Was wird (heute noch) geknotet und mit Schleifen versehen?
- Schnürsenkel an Schuhen und Stiefeln
- der Bund von manchen Bade- und Jogginghosen
- Bändchen bei Geschenken und Paketen
- Taue und Seile bei Booten und Schiffen
- Halstücher, Fliegen und Krawatten
- Knoten im Weinbau

So hält die Schleife besser:
Anstatt nach dem Schleifebinden mit den beiden „Ohren“ noch einen zusätzlichen Knoten über der Schleife zu binden, können Sie auch einfach beim Schleifebinden direkt vorsorgen: Beim Binden des zweiten Knotens den Schnürsenkel zweimal um die erste Schlaufe wickeln.

Ausgewickelt!

Selbst und allein Verpackungen verstehen und öffnen

Die Verpackungsindustrie hat sich Verpackungen ausgedacht, die auch für Erwachsene nicht immer ganz einfach zu öffnen sind. Eher einfach verpackte Nahrungsmittel wie Bonbons können die Kinder schon selbst öffnen. Oder etwa nicht? Mehr Autonomie und Selbstbewusstsein entwickeln Kinder, wenn sie die Möglichkeit dazu erhalten, möglichst viel selbst zu tun, anstatt Erwachsene etwas für sie tun zu lassen. Das gilt auch für das Öffnen von Verpackungen. Im Sitzkreis können die Kinder ausprobieren, wie man am besten zu Werke geht.

Feinmotorikspiel
ab 3 Jahren

MATERIAL

- pro Kind 1 Bonbon (z.B. aus dem Reformhaus oder Bioladen, ohne Zucker)
- 2 bis 4 Schokoriegel
- 2 bis 4 Müsliriegel
- 1 Tafel Schokolade
- 1 Tüte Fruchtgummi
- Schälchen
- Äpfel
- Obstmesser
- Scheren
- evtl. Tablett

Breiten Sie alles auf dem Tisch oder auf einem Tablett aus. Die Kinder können sich zunächst alles genau ansehen, benennen und sich austauschen, was sie gern mögen und was nicht.

Die Kinder dürfen reihum ein Nahrungsmittel nehmen und öffnen. Wie könnte das gehen? Ist das nur mit den Fingern zu schaffen? Wo setze ich am besten an? Warum sind die Sachen so verpackt wie hier? Wie wickle ich ein Bonbon aus (an den entgegengesetzten Enden drehen)? Wie öffne ich den Müsliriegel (an der Schmalseite oben die gezackte Folie einreißen)? Wie packe ich den Schokoriegel aus (an der Bodenseite die Lasche entlangfahren und aufreißen)? Wie bekomme ich die Fruchtgummis auf (an der Oberseite an der aufgezeichneten Linie)?

Gibt es Kinder, die schon ganz allein schwierige Verpackungen aufbekommen und den anderen Kindern zeigen können, wie es geht? Falls eine Verpackung sich nicht öffnen lässt, benutzen die Kinder die Schere.

Füllen Sie alles in Schälchen. Die Schokolade und Schokoriegel können klein gehackt in den Quark-Öl-Teig auf Seite 10 wandern und zu kleinen Schokobrötchen geformt gebacken werden (wie auf Seite 10 beschrieben). Die Müsliriegel und die Äpfel dürfen die Kinder gleich naschen, die Fruchtgummis könnten eine besondere Belohnung sein.

Klammern ist prima!

Sortier- und Feinmotorikspiele mit Wäscheklammern

Dieses Spielmaterial macht den Kindern – einmal hergestellt – über längere Zeit Freude. Sie können es in einem großen Karton immer wieder hervorzaubern und stellen sich so ihr eigenes Arbeitsmaterial her. Gefördert werden hier unter anderem visuelle Wahrnehmung, Farbenerkennen, Feinmotorik, mathematische Grundfertigkeiten sowie Konzentration, Ausdauer und Geduld.

Sortier- und Feinmotorikspiel ab 3 Jahren

MATERIAL

- viele Bierdeckel (oder stabile Karton- oder Pappkreise, selbst ausgeschnitten)
- bunte Acrylfarben
- Pinsel
- Wäscheklammern aus Holz
- bunte Büroklammern
- evtl. Klarlack oder Laminiergerät
- Körbe und Schalen

Die Bierdeckel farbig anmalen: Jeder Bierdeckel sollte möglichst eine andere Farbe erhalten. Gut trocknen lassen. Falls notwendig mit Klarlack überziehen oder auch im Laminiergerät laminieren.

Stellen Sie auch einige weiße Bierdeckel her. Malen Sie auf den Rand der Deckel bunte Punkte in den Farben der anderen Deckel auf. Die Holzwäscheklammern am Griff oder komplett mit den gleichen Farben bemalen. Ebenfalls gut trocknen lassen.

Die Kinder sortieren die Wäscheklammern und Büroklammern nach Farben. Nun können sie je nach Alter und Entwicklungsstand die Wäscheklammern passend nach Farben an die Bierdeckel klammern. Ältere Kinder klammern mit Büroklammern. Geübte Kinder klammern unterschiedliche Klammern je nach Vorgabe auf den weißen Bierdeckeln passend und in der richtigen Reihenfolge fest.

Pinzettenfische

Eine taktile Meeresstraße zum Einüben des Pinzettengriffs

Daumen und Zeigefinger sind unsere wichtigsten Greifwerkzeuge. Die für die Beweglichkeit des Daumens zuständigen Hirnareale sind deutlich größer als die der anderen Finger. Dank des Daumens können Menschen und Menschenaffen „greifen". Der Pinzettengriff ist nur mit Daumen und Zeigefinger möglich. Bei den Pinzettenfischen gesellen sich zum feinmotorischen Födercharakter Kreativität, Geduld und Ausdauer mit viel Spaß.

Feinmotorikspiel
ab 4 Jahren

MATERIAL

- 1 dicken Bogen Pappe oder Karton pro Kind
- Kindersachbücher oder Bildbände über Meeresfische
- flüssige Farben
- Pinsel oder Schwämmchen
- Filzmaler
- Kugelschreiber
- bunte, runde Perlen (Durchmesser bis etwa 7 mm oder nach Vorrat)
- 1 Pinzette pro Kind
- Schälchen
- nach Wunsch und Vorrat Wackelaugen
- nach Wunsch flüssigen Klebstoff

Die Kinder entscheiden sich für ein Hoch- oder Querformat und grundieren ihren Bogen Pappe oder Karton in einem Blau- oder Türkiston mithilfe der Pinsel oder Schwämmchen. Gut trocknen lassen.

In den Bildbänden und Sachbüchern können sich die Kinder überzeugen, wie unglaublich artenreich die Tierwelt unter Wasser ist. Fische, Tintenfische, Muscheln, Korallen, Quallen und andere Tiere schimmern und leuchten in den tollsten Farben. In der Tiefsee gibt es die seltsamsten Fische. Manche von ihnen können leuchten, um die Dunkelheit im tiefen Meer zu durchbrechen und um Beutetiere anzulocken.

Wie wäre es, wenn die Kinder einige der Fische auf ihr Blatt malen und mit echten Schuppen in Form von Perlen belegen? Mit den Filzstiften übertragen die Kinder Fischkörper auf ihr Papier. Die Fische können Augen in Form von Wackelaugen bekommen oder die Kinder malen die Augen auf.

In jeden Fisch drücken die Kinder mit dem Kugelschreiber (Mine wird nicht herausgedrückt) einige kleine Dellen oder Vertiefungen. Mit den Pinzetten können die Kinder die Fische nun mit Perlen schmücken, indem sie die Perlen mit der Pinzette greifen und in die Vertiefungen transportieren. Für besseren

Halt können die Kinder auch flüssigen Klebstoff in die Vertiefungen geben, sodass die Perlen nicht mehr wegrollen können.

Alle Fische, Muscheln, Seesterne und Wale werden natürlich auch ausgestellt. Kleben Sie die Perlen gut fest. Dann kann aus den Pinzettenfischen eine taktile Ausstellung werden, bei der Betasten und Befühlen ausdrücklich erlaubt ist.

Pinzettengriff einüben

Diese Übung mit der Pinzette fördert die Feinmotorik und übt den Pinzettengriff für das spätere Schreibenlernen ein. Nicht ganz einfach, denn hier ist auch die Auge-Hand-Koordination gefragt. Jüngere Kinder können große Kinderpinzetten oder Spielzeugpinzetten aus Kunststoff verwenden und größere Perlen auswählen.

Ideenseite

Einfache Ideen für die Feinmotorikförderung

Feinmotorisches Fördermaterial muss nicht teuer sein. Sie müssen es auch nicht bestellen, sondern Sie erfinden es mit den Kindern ganz einfach selbst. Sie benötigen nicht viel mehr als ein paar Dinge aus Baumarkt, Gartenmarkt, Gelbem Sack, Küchen- oder Bastelschublade.

Mutternpaare finden
Die Kinder bekommen eine Schale mit unterschiedlich großen Schrauben und eine Schale mit passenden Muttern. Gelingt es ihnen, alle Muttern auf die richtigen Schrauben zu drehen?

Stechkiste
Einen Schuhkarton mit Löchern versehen. Gelingt es den Kindern, bunte Strohhalme in die Löcher zu stecken? Klappt auch mit Wäschekörben aus Kunststoff oder Besteckbehältern aus Edelstahl.

Fußfeinmotorik
Ein Greiftablett für die Füße: Knetmasse in Form von etwa fingerdicken Schlangen, dazu Murmeln, Tischtennisbälle, Seile, Kastanien … Alles mit den Zehen greifen und vom Tablett in ein bereitgestelltes Körbchen transportieren.

Ordnung im Eierkarton
Eine Knopfsammlung sortieren? Das gelingt, wenn die Kinder Eierkartons bekommen und die verschiedenen Knöpfe in die Eierkörbchen sortieren. Noch schwieriger: mit den Knöpfen auf die richtige Öffnung im Eierkarton zielen.

Grillzangenkiste
Mit Grillzangen aus einer großen Kiste oder einem großen Korb Flummis, Tischtennisbälle, Korken und Kunststoffverschlüsse herausholen.

Teezangenspaß
Mit Teeeiern in Zangenform Bällchen und Murmeln aus einer Kiste oder aus einer mit Wasser gefüllten Schüssel fischen.

Hungrige Konservendose
Konservendosen mit einem großen Schlitz versehen. Eventuell scharf abstehende Ränder mit Klebeband umkleben. Alles bunt anmalen, trocknen lassen. Die Kinder dürfen die Dosen durch den Schlitz mit Spielzeugmünzen, Knöpfen, Deckeln, Plastikchips usw. füttern. Toll, wenn Sie eine große Metallschachtel oder -dose (z. B. von Keksen) übrig haben und Schlitze in verschiedenen Größen und Weiten anbringen können.

GROBMOTORIK

Körperwahrnehmung und Körpergefühl

Das Feld der Grobmotorik ist endlos. Bei den Übungen, Turnideen, Mitmachgedichten und Bewegungsspielen auf den folgenden Seiten steht einerseits das Training der vestibulären Wahrnehmung (des Gleichgewichtssinns) im Vordergrund, aber auch der Wechsel zwischen Ruhe und Bewegung, Entspannung und Anstrengung. Verschiedene Arten des Gehens und Laufens lernen die Kinder außerdem in einem Parcours bzw. bei einer Bewegungsbaustelle kennen.

Märchenlandparcours

Eine Bewegungsbaustelle mit kniffligen Geh- und Laufarten

Bei dieser Bewegungseinheit bewältigen die Kinder eine Bewegungsbaustelle mit verschiedenen Geh- und Laufarten. Das ist für die Kinder spannend und schwierig zugleich. Eine packende Abenteuerhandlung über einen Drachenschatz begleitet die Kinder auf ihrem Weg ins Märchenland.

Bewegungsgeschichte ab 4 Jahren

MATERIAL

- 1 Turnbank (ersatzweise langes dickes Seil)
- 1 große weiche Matte (ersatzweise Sandkasten oder Wiese)
- 1 Sprungbrett (ersatzweise Trampolin)
- 1 Kletter- bzw. Sprossenwand (ersatzweise Tisch)
- 1 Schuhkarton oder Kiste mit kleinen Überraschungen oder Belohnungen (Gummitiere, Luftballons …) und Drachenstickern

Bauen Sie den Märchenlandparcours in der Turnhalle oder im Außengelände folgendermaßen auf: Unter der Sprossenwand oder am Tisch die dicke Matte auslegen (oder den Tisch an den Sandkasten stellen). Das Sprungbrett an die andere Seite der Matte stellen. An das Sprungbrett die Bank anschließen.

DER VERLORENE DRACHENSCHATZ

Der Drachenschatz ist von einer bösen Hexe geraubt worden. Riesen, Zwerge, Drachen, Feen, Ritter und Elfen haben sich gemeinsam auf die Suche gemacht, denn wer den Schatz findet, der hat für immer die Freundschaft der Drachen sicher. Doch der Weg durch das Drachenland ist ziemlich gefährlich und erfordert viel Mut …

Fortbewegungsarten im Märchenland

Gemeinsam mit den Kindern erfinden Sie Arten des Gehens für die einzelnen Märchenlandbewohner. Die Kinder begehen den Parcours am besten erst dann, wenn sie die einzelnen Arten der Fortbewegung sicher beherrschen. Dabei können sich die Kinder in Riesen, Zwerge usw. aufteilen. Spannender ist es aber, wenn alle Kinder gemeinsam jeweils in die Rolle schlüpfen, die gerade in der Geschichte vorkommt.

Riesen: stapfen mit Riesenschritten
Zwerge: gehen mit Gänsefüßchen
Drachen: stampfen so laut wie möglich
Feen: berühren beim Gehen kaum den Boden und tippeln ganz zart
Ritter: marschieren
Elfen: hüpfen und springen auf einem Bein

Bewegungsgeschichte für den Parcours

Die Elfen hängen noch in den Bäumen, wo sie zum Schlafen auf Ästen hocken oder in den Zweigen hängen. Gelenkig hüpfen sie herunter und springen ein bisschen herum, um sich für die Schatzsuche aufzuwärmen.

(Die Kinder steigen aufs Klettergerüst und springen auf die Matte. Auf der dicken Matte –ersatzweise im Sandkasten – auf einem Bein springen: Das ist relativ schwierig, weil die Kinder in der Matte einsinken.)

Mit einem schnellen Sprung versuchen die Elfen in den Zauberwald zu gelangen, aber was ist das? Der Sprung katapultiert sie wieder zurück unter ihre Schlafbäume.

(Auf dem Sprungbrett mit beiden Beinen springen und auf der weichen Matte landen. Von dort aus einmal um die Matte herum zum Klettergerüst hüpfen.)

Da kommen die Drachen herbei. So laut wie möglich stampfen sie einmal um das gesamte Märchenland herum. Dabei brüllen sie, so laut sie können.

(Stampfend den Parcours umrunden und dabei nach Herzenslust brüllen.)

Aber die Drachen sind in eine Drachenfalle geraten. Sie sind so müde, dass sie sich eine Weile hinlegen müssen.

(Auf die weiche Matte fallen lassen und eine Weile ausruhen.)

Die Zwerge balancieren auf der Brücke über der Todesschlucht. Mit ganz kleinen Schritten schieben sie sich über die Schlucht.

(Mit Gänsefüßchen über die Bank balancieren.)

Als sie am Ende der Brücke angekommen sind, stellen sie fest, dass sie ihre Zwergenmützen vergessen haben. Also müssen sie den ganzen Weg noch einmal zurückbalancieren. Aber was ist das? Als die Zwerge in der Mitte sind, kracht die Brücke zusammen und alle Zwerge stürzen in die Schlucht. Wie gut, dass die Zwerge so leicht sind. Sie schweben nach unten und tun sich nicht weh, aber nun müssen sie erst einmal aussetzen.

(Zurück auf der Bank balancieren. In der Mitte der Bank abspringen und ausruhen.)

Die Ritter sind ganz schön wütend, dass es niemandem gelingt, den Drachenschatz zu bergen. Sie marschieren einmal um das ganze Märchenland herum. Und noch einmal in die andere Richtung. Da treffen sie auf die Drachen, die sich aus ihrer Drachenfalle befreit haben – und feiern erst einmal ein Fest. Danach sind alle müde und müssen im weichen Gras ausruhen.

(Als Ritter zweimal um die Turnhalle herummarschieren. Danach auf der weichen Matte ausruhen.)

Die Feen haben alles mit angesehen. Sie schütteln den Kopf. Niemand hat es geschafft, den Drachenschatz zu finden. Sie schweben von der Sprossenwand über die Matte, balancieren über die Todesschlucht und hüpfen schließlich auf die Märchenwaldlichtung, wo sie den Drachenschatz finden.

(Die Kinder absolvieren als Feen noch einmal den gesamten Parcours. Zum Schluss bekommen die Kinder den Schatz.)

Stop-and-Go mit Eidechse Eddi

Eine Turngeschichte zum Ausruhen und Toben

Den Wechsel zwischen Ruhe und Bewegung erleben: Das ist für Kinder eine wichtige und grundlegende Erfahrung für das Körpergefühl. In dieser Turngeschichte wechseln sich anstrengende Bewegungsstationen mit entspannenden Ruhepausen ab. Genau wie die wechselwarme Eidechse Eddi verharren die Kinder in der Ruhe oder sie bewegen sich blitzschnell.

Turngeschichte
ab 3 Jahren

MATERIAL

- Kriechtunnel
- Tisch
- 3 Stühle
- große weiche Matte oder Matratzen

Zu Beginn der Geschichte legen sich die Kinder gemütlich auf die dicke weiche Matte oder das Matratzenlager. Hier ist die Mauer, auf der die Eidechse Eddi wohnt. Schauen Sie mit den Kindern Eidechsen im Internet oder in Büchern an. Im Kasten finden Sie einige Informationen zu den flinken Flitzern, die sich derzeit in Süddeutschland wegen der Klimaerwärmung stark vermehren.

Bereiten Sie den Raum vor, indem Sie die Matratzen zusammen in die Mitte des Raumes legen. Ersatzweise legen Sie eine große Matte aus. Den Tisch aufstellen, den Kriechtunnel auslegen und die Stühle hintereinander in einer Reihe aufstellen.

Eidechse Eddi kann sich fast gar nicht bewegen: Still und starr wie eine Statue steht Eddi vor seiner Mauerspalte. Er wartet auf die Sonne, um sich zu wärmen. Solange die Sonne nicht kommt, kann Eddi sich kaum rühren.

(Die Kinder liegen ganz still auf dem Matratzenlager oder der dicken Matte in einer Körperhaltung, die sie bequem finden.)

Ah, da kommt die Sonne hinter den hohen Bäumen hervor. Ein Sonnenstrahl berührt Eddi an den Zehen

Eidechsen: flinke Flitzer mit UV-Zelle

Eidechsen, beispielsweise Mauer- oder Zauneidechsen, können die Kinder an sonnigen Tagen mit etwas Glück selbst beobachten. Die kleinen Flitzer kommen zum Aufwärmen und Sonnen aus ihren Ritzen und Verstecken in Mauerfugen. Eidechsen sind Reptilien, Tiere mit Schuppenpanzer. Wie alle Reptilien sind Eidechsen wechselwarme Tiere. Sie sind auf Sonne und höhere Temperaturen angewiesen, damit sich ihre Körpertemperatur erhöht und ihr Blut verflüssigt. Nur dann sind sie in der Lage, sich zu bewegen. Bei niedrigen Temperaturen verfallen sie in eine Kältestarre.

der linken Tatze. Eddi hebt vorsichtig das linke Bein.
(Das linke Bein anheben. Dabei kann auch gelacht werden, beispielsweise wenn die Kinder in einer Körperhaltung liegen, bei der das witzig aussehen kann.)

Und jetzt ist die Sonne schon richtig heiß. Eddi wärmt sich auf. Seine Muskeln bekommen Kraft. Jetzt ist er richtig fit. Er flitzt davon und rennt blitzschnell über die warme Mauer. Er ist so schnell, man sieht ihn kaum!
(Aufstehen und davonrennen, so schnell es geht.)

Haaaalt! Eddi stoppt ganz schnell, denn da rekelt sich eine Spinne in der warmen Sonne. So ein leckeres Häppchen gibt es für Eddi nicht oft. Er bleibt mitten in der Bewegung stehen, ohne sich zu rühren.
(Mitten in der Bewegung anhalten und so stehen bleiben. Das darf lustig aussehen!)

Ganz still steht er, dann macht er einen großen Hüpfer und verschlingt die Spinne mit einem Happs!
(Einen großen Sprung machen und „Happs!" rufen)

Das war lecker! Eddi legt sich mit vollem Magen in die Sonne und entspannt ein bisschen. Er pfeift ein lustiges Eidechsenlied ...
(Sich auf die Matte legen und etwas ausruhen)

Da fällt ein Schatten auf ihn. Oh weh, ein Vogel! Eddi springt auf seine Beine, witscht blitzschnell davon, denn wie jeder weiß, lieben Vögel Eidechsen. Nichts wie weg! Eddi rennt, so schnell er kann.
(Wieder so schnell wie möglich davonrennen)

Er duckt sich unter Steine, ...
(Unter den Tisch kriechen)

flitzt weiter, ...
(Weiterrennen)

flitzt durch eine Ritze, ...
(Unter den Stühlen hindurchkriechen)

rennt weiter, ...
(Weiterrennen)

zwängt sich durch einen Spalt ...
(Durch den Kriechtunnel schlüpfen)

... und hat es geschafft: Der Vogel ist weg. Müde kriecht Eddi zurück in seine Höhle im Innern der Mauer. Hier rollt er sich zusammen und ruht aus.
(Auf die Matte springen und sich gemütlich hinlegen)

Stop and Go:
Ruhe und Bewegung erspüren

Beim Biathlon im Wintersportfernsehen kann man es gleich sehen: Aus der Bewegung heraus plötzlich ganz still stehen oder liegen zu müssen, das ist wirklich nicht einfach. Hier sind gute Körperbeherrschung, Gleichgewichtssinn, Körperkraft und Koordination gleichzeitig gefragt – und viele andere grobmotorische Fähigkeiten mehr.
Für die Kinder ist beim Wechsel von der Ruhe in die Bewegung und umgekehrt wichtig, dass sie sich selbst in Aktion und im Ruhemodus erleben und kennenlernen: Wie fühle ich mich/fühlt sich mein Körper an, wenn ich mich anstrenge, gerannt bin? Wie fühlt es sich an, wenn ich in Ruhe bin, still liege, stehe oder sitze und in mich hineinspüre? Das Bewusstmachen unterschiedlicher Körperzustände ist nicht nur wichtig für die Selbstwahrnehmung, sondern auch ein Baustein für das Entwickeln von Konzentrations- und Durchhaltevermögen.

Oh weh, oh weh, wen schnappt die Fee?

Ein Bewegungs- und Tastspiel für Konzentration und Körpergefühl

Ein Spaß für die Kinderparty? Auch, aber hauptsächlich kommt es bei diesem Spiel darauf an, mit hoher Aufmerksamkeit und Neugier Kameraden nur an den Händen zu erkennen.

Bewegungsspiel
ab 3 Jahren

MATERIAL

- 1 großen Sack mit Zugöffnung
- ersatzweise 1 Kissenbezug und 1 lange Kordel
- nach Wunsch 1 Verkleidung für die Fee

Falls Sie keinen Sack zur Hand haben, den man zuziehen kann und in den gut alle Kinder ihre Arme stecken können (beispielsweise einen großen Nikolaussack oder einen Kartoffelsack), nehmen Sie einfach einen großen ausrangierten Kopfkissenbezug. Am oberen Ende so weit zuknöpfen, dass drei bis sechs Kinder noch ihren Arm ins Innere stecken können. Ersatzweise schneiden Sie kleine Löcher in den oberen Rand und schnüren alles mit einer Kordel zu.

Alle Kinder stecken eine Hand in den großen Sack. Die Spielleiterin oder pädagogische Fachkraft zieht den Sack etwas zu. Ein Kind, die Fee, betastet die Hände der anderen Kinder. Die Kinder dürfen ihre Hand nicht zurückziehen. Die Fee entscheidet sich schließlich für eine Hand, schnappt sie und hält sie fest. Kann die Fee erraten, welchem Kind die geschnappte Hand gehört? Falls die Fee richtig gelegen hat, ist das erratene Kind in der nächsten Runde die Fee. Lag die Fee falsch, darf sie noch einmal raten. Während die Fee im Sack auf Händesuche geht, sprechen die Kinder folgenden Vers. Bei „hat!“ muss sich die Fee für eine Hand entscheiden.

Oh weh, oh weh, wen schnappt die Fee?
Sie flattert durch Regen, sie flattert durch Schnee.

Sie schnappt eine Elfe, schnappdidelschnapp,
rat, wen die Fee in der Feenhand hat!

Bermudadreieck

Bewegungsspiele für den Gleichgewichtssinn

Diese Spieleinheit zum Gleichgewichtssinn ist spannend und schwierig zugleich – und darum eher für die älteren Kita-Kinder (ab etwa 4 Jahren) geeignet. Variieren Sie den Schwierigkeitsgrad je nach Entwicklungsstand und grobmotorischer Geschicklichkeit der Kinder.

MATERIAL

- 3 Turnbänke
- Matten

Bewegungsspiel
ab 4 Jahren

Die erste Turnbank richtig herum (mit der Sitzfläche nach oben), die zweite Bank direkt daran anschließend mit der Sitzfläche nach unten, also umgekehrt, aufstellen. Die dritte Bank wieder richtig daran anschließen, sodass die Turnbänke ein Dreieck bilden. Achten Sie darauf, dass keine Abstände an den Ecken entstehen, sondern die Bänke so dicht wie möglich aneinander anschließen. Matten um die Turnbänke herum auslegen.

Die Kinder teilen sich in drei gleich starke Teams auf. Die Teams nehmen an den Ecken des Dreiecks Aufstellung. Jedes Team schickt nun ein Teammitglied auf das Dreieck. Die Teammitglieder laufen einfach das Dreieck ab, indem sie auf den Bänken balancieren. Das ist auf den beiden breiten Bänken etwas einfacher als auf der schmalen.

Treffen sich unterwegs zwei Kinder, erhalten sie eine Aufgabe, die sie noch auf dem Bermudadreieck erfüllen müssen. Danach müssen die beiden Kinder versuchen, aneinander vorbeizukommen, und gehen weiter. Jedes Kind, das eine Aufgabe erfüllt hat, darf zu seinem Team zurückbalancieren. Der nächste Teamkollege kann dann starten.

Aufgaben können sein:
- *Gebt euch die Hand!*
- *Hüpft auf der Bank einmal hoch!*
- *Reibt eure Stirn aneinander!*
- *Tauscht euer T-Shirt!*
- *Lauft den Rest der Strecke auf allen Vieren weiter!*
- *Geht beide mit dem Arm als Elefantenrüssel weiter!*
- *Dreht euch einmal um euch selbst!*
- *Tauscht einen Schuh und geht dann weiter!*

Noch schwieriger:
Legen Sie auf den Bänken Hindernisse aus, z. B. Bälle, Sandsäckchen usw., über die die Kinder hinwegsteigen müssen.
Stellen Sie einen Tisch über die Bänke, unter dem sich die Kinder durchbewegen müssen.
Vergrößern Sie den Abstand zwischen den Bänken.

Wenn Pinguine träumen ...

Ein Bewegungsgedicht zur Förderung von Körpergefühl und Körperbeherrschung

Bei diesem Bewegungsgedicht in Reimform kommen Kinder (und pädagogische Fachkräfte) möglicherweise ins Schwitzen und Schnaufen, denn hier wechseln sich viele unterschiedliche Bewegungsarten miteinander ab. Das alles vor der eiskalten und abenteuerlichen Kulisse der Antarktis: Hier bringen sich die Pinguine nämlich gerade noch rechtzeitig vor Killerwalen und Riesenkraken in Sicherheit.

Bewegungsgedicht ab 3 Jahren

Die Pinguine sind verrückt,
watscheln im Eis, sind ganz entzückt.
(Die Kinder stellen den Watschelgang der Pinguine nach und freuen sich dabei)

Denn heute schneit es, juchu, juchee,
die Pinguine fangen den Schnee.
(Sich freuen, umherspringen)

Die Pinguine freuen sich sehr,
springen auf den Beinen hin und her.
(Mit geschlossenen Beinen springen)

Die Pinguine dreh'n sich im Kreis,
denn es schneit und schneit, die Erde wird weiß.
(Auf der Stelle drehen)

Die Pinguine machen sich klein,
der Wind weht, es wird wohl das Beste sein.
(In die Hocke gehen und sich ganz klein zusammenkauern)

Die Pinguine schwimmen im Meer,
fangen Fische, das gefällt ihnen sehr.
(Schwimmbewegungen machen)

Die Pinguine schwimmen auf Rücken und Bauch,
so zu schwimmen, das mögen sie auch.
(Schwimmbewegungen auf Rücken und Bauch)

Ganz schnell schwimmen jetzt alle Pinguine weg,
ein Krake, der kommt aus seinem Versteck.
(Ganz schnell wegschwimmen)

Und ein Orca, schnell weg und zieht euch an Land,
die Gefahr habt ihr gerade noch rechtzeitig erkannt.
(Wieder aufstehen)

Sie klatschen mit beiden Flossen und stampfen,
dabei können sie ihre Fische mampfen.
(Stampfen und dabei in die Hände klatschen)

Der Wal ist weg, schüttelt aus euer Fell,
die Pinguine rütteln und schütteln sich schnell.
(Sich sanft schütteln)

Die Pinguine frieren und zittern sehr,
drängen zusammen, wärmen sich mehr.
(Die Pinguine kommen in der Mitte zusammen)

Sie ruhen sich aus und träumen vom Meer,
ohne Wale und Kraken, bitte sehr!
(Die Pinguine ruhen ein Weilchen im Sitzen aus)

Ein Drache lebt in unserm Haus

Ein Singspiel zum Umsetzen von Sprache in Bewegung

Dieses Singspiel können Sie ganz einfach nach der Melodie von „Bi-Ba-Butzemann" singen. Dazu führen Sie mit den Kindern einfach die im Text erwähnten Bewegungen aus.

Singspiel
ab 2 Jahren

Ein Drache lebt in unserm Haus,
geht bei uns ein und aus, wididaus.

Ein Drache lebt in unserm Haus,
zieht einfach nicht mehr aus.

Er springt und hüpft auf einem Bein,
das kann doch nicht so schwierig sein.

Er tanzt und lacht und dreht sich fein,
das kann …

Er stampft und stapft mit seinem Bein, …

Er wälzt sich raus, er wälzt sich rein, …

Er macht sich groß, er macht sich klein, …

Er mampft und frisst, grunzt wie ein Schwein, …

Er speit und raucht und hustet Schleim, …

Er fliegt und saust hinaus, hinein, …

Letzte Strophe:
Ein Drache lebt in unserm Haus,
geht bei uns ein und aus, wididaus.

Ein Drache lebt in unserm Haus,
zieht niemals wieder aus.

Er weint und fühlt sich sehr allein,
das muss bei uns nun doch nicht sein.

Wir laden unsern Drachen ein,
bei uns zu Haus zu sein.

Ideenseite

Spiele und Ideen fürs Gleichgewicht

Der Gleichgewichtssinn heißt auch vestibuläre Wahrnehmung. Beim Trainieren des Gleichgewichtssinnes arbeiten eine Vielzahl von Körperteilen, Körperfunktionen und Sinnen zusammen. Neben Muskeltonus, Körperkraft, Körperwahrnehmung und Raum-Lage-Sinn sprechen die folgenden Balancespiele auch Konzentration, Ausdauer sowie visuelle und taktile Wahrnehmung an.

Alienjäger

Aus verschiedenen Seilen legen die Kinder Kreise, die sich berühren, auf dem Boden aus. Zwei Kinder werden als Alienjäger bestimmt, die anderen Kinder sind Aliens. Die Alienjäger müssen versuchen, die Aliens durch Abschlagen zu fangen. Dabei dürfen sich alle Kinder (Jäger und Aliens) allerdings nur auf den Seilen fortbewegen. Wer gefangen wird, wartet in einem Kreis, bis er von zwei Aliens durch Abschlagen wieder befreit wird.

Wackelbrücken

Wackelbrücken können Sie aus einer Matte und sechs Tennisbällen herstellen, die unter der Matte platziert werden. Aber auch viele lasch aufgeblasene Luftballons in einem Bettbezug eignen sich als Wackelbrücke. Die Kinder sollen die Wackelbrücken überqueren, ohne abzurutschen. Sorgen Sie bei diesen Übungen für Hilfestellung!

Krakengefahr

Ein Spiel für die Turnhalle, das Gleichgewicht und Koordination im Raum schult und ziemlich anstrengend ist: Zwei Kinder sind Kraken. Sie dürfen sich nur im Krebsgang (mit dem Bauch nach oben auf allen Vieren) fortbewegen. Die anderen Kinder sind Taucher. Die Taucher müssen von einem Ende des Raums zum anderen gelangen, ohne dabei von den Kraken berührt zu werden. Je nach Größe der Gruppen kann es auch mehr Kraken geben.

Hungrige Krokodile

Ein Seil etwa 20 cm (!) über dem Boden spannen. An das Seil viele Wäscheklammern stecken. Die Kinder sind Krokodile auf der Suche nach Beute. Sie robben auf dem Bauch zum Seil und schnappen sich ihre Beute in Form der Wäscheklammern. Ältere Kinder können das mit dem Mund/den Zähnen versuchen, jüngere Kinder dürfen die Klammern mit den Händen abzupfen, allerdings ohne aufzustehen.

MATHEMATISCHE GRUNDERFAHRUNGEN

Logisches Denken, Kennenlernen von Ziffern, Zahlen und Mengen und räumliches Vorstellungsvermögen

Mathematik ist überall: Sie spielt eine Rolle bei Auszählversen, bei Hüpfhäuschenspielen, beim Klettern und natürlich beim Bauklötzespiel. Mathematische Grunderfahrungen bieten die Ideen und Spiele auf den folgenden Seiten. Dabei stellen sich die Kinder ihr mathematisches Förder- und Spielmaterial aus einfachen und alltäglichen Gegenständen und etwas Verpackungsmüll selbst her. Denn schon beim Selbstbauen, Selbstgestalten und Selbstausdenken trainieren Kinder ganz von selbst das, was später Problemlösefähigkeit genannt wird.

Schätz mal!

Spiele zum Schätzen, Wiegen, Messen und Staunen

Mengen- und Zahlenverhältnisse, Schätzen, Prüfen, Wiegen und Zählen: Mathematische Grundfähigkeiten sind auch im alltäglichen Leben wichtig. Der Schätz-mal-Ratetisch macht den Kindern Riesenspaß!

Schätzspiel
ab 5 Jahren

MATERIAL

- 1 großes Einmachglas
- 1 kleines Einmachglas
- 1 Schuhschachtel
- 1 Käseschachtel
- mehrere verschieden große Kunststoffdosen
- Messbecher
- Küchenwaage
- Füllmaterial, z. B. Münzen, Zapfen (von Fichte oder Kiefer), Wattebäusche, Federn, Wäscheklammern, Kastanien, Eicheln oder kleine Bälle

Die Behältnisse je nach Vorrat und Möglichkeit mit den Füllmaterialien befüllen und auf einem Schätztisch aufstellen. Dazu kommen die Waage und einige Messbecher.

Die Kinder können nun schätzen: Wie viele Zapfen sind im Einmachglas? Wie viele Münzen sind im Glas und wie viel Geld ist das? Wie viele Kastanien passen in die Schuhschachtel und passen diese Kastanien auch in den Korb? Wiegt eine kleine Käseschachtel voller Federn weniger als eine, die mit Watte gefüllt ist? Lassen Sie die Kinder in kleinen Gruppen selbst experimentieren und herausfinden. Notieren Sie die Ergebnisse mit. Fragen Sie die Kinder, wie man ihre Erkenntnisse festhalten könnte: Fertigen Sie beispielsweise Plakate an, auf denen die Kinder der Reihe nach aufmalen, was am schwersten war usw.

Noch mehr Ideen:
Wiederholen Sie die Schätzaktionen an anderen Tagen mit anderen Mengen und Materialien – je nach Jahreszeit und Vorrat in der Kita.

Drehverschluss-Mathematik

Logiktraining und Sortierspiele mit Flaschenverschlüssen

Drehverschlüsse haben wir fast jeden Tag in der Hand: Trinkjoghurt- und Buttermilchflaschen, Mineralwasser, Apfelschorle – kaum eine Flasche aus PET, die kein farbiges Käppchen hat. Sammeln Sie die Verschlüsse und entfernen Sie die eventuell pieksenden Ränder. Alle Verschlüsse können Sie in einer Schachtel aufbewahren. Mit den bunten Verschlüssen lässt sich eine Vielzahl von Spielen durchführen. Außer zu den hier vorgeschlagenen Spielen können Sie die Hütchen und Käppchen auch als Spielsteine für Tischregelspiele benutzen.

Sortierspiel
ab 4 Jahren

MATERIAL

- mindestens 20 farbige Drehverschlüsse aus Kunststoff (von PET-Flaschen) in mindestens 4 verschiedenen Farben
- Schalen und Körbchen
- 1 einfarbiges Tablett
- 2 bis 3 leere, saubere, unterschiedliche PET-Flaschen

SPIELIDEEN

Die Verschlüsse nach Farben sortieren: Sortieren und Kategorisieren schult das logische Denken und das Zuordnungsvermögen.

Logische Reihen bilden: Legen Sie auf dem Tablett beispielsweise folgende Reihe: zwei rote, einen gelben, zwei grüne Verschlüsse, dann wieder zwei rote. Wie wird die Reihe fortgeführt? Das richtige Ergebnis wäre: mit einem gelben Verschluss. Die Kinder stellen sich selbst weitere Aufgaben und legen füreinander Reihen aus, die die anderen weiterführen.

Feinmotorik mit Farben: Bieten Sie den Kindern zwei oder drei leere, saubere PET-Flaschen an und lassen Sie die Kinder selbst experimentieren, welcher Verschluss auf welche Flasche passt.

Bewegungsspiel zum Farbenlernen: Jedes Kind greift sich blind einen Verschluss aus der Schachtel. Im Sitzkreis zeigen die Kinder ihren Verschluss und benennen seine Farbe. Dann beginnt das Spiel. Zu Musik tanzen die Kinder durch den Raum. Stoppt die Musik, rufen Sie oder eine Spielleitung eine Farbe, z. B. „Gelb!“. Alle Kinder mit einem gelben Verschluss müssen ihren Verschluss nun ganz schnell zu Ihnen bringen. Wenn alle Kinder ihren Verschluss abgegeben haben, ist das Spiel zu Ende.

Zahlen an der Wand

Eine Zahlen- und Ziffernposterwand gestalten

Zahlen und Ziffern sind eigentlich nichts als abstrakte Zeichen. Mit Inhalt und Bedeutung werden sie erst gefüllt, wenn die Kinder damit eine bestimmte Menge verbinden. Das fällt ihnen leichter, wenn Mengen vor ihren Augen konkret abgebildet werden. Auf kunstvolle und eindrückliche Weise geschieht das mit einer Posterwand. Kreieren Sie mit den Kindern deren eigene Vorstellung von Mengen und Zahlen!

Basteltipp
ab 4 Jahren

MATERIAL

- 5 große Bogen Pappe oder Karton
- runde oder ovale Käseschachteln
- flüssigen Klebstoff
- evtl. Heißklebepistole (benutzen nur Erwachsene)
- flüssige Farben
- Pinsel
- Filzstifte
- Schätze aus Natur oder Bastelschublade, z. B. Kastanien, Eicheln, Steinchen, Ästchen, Murmeln, Muggelsteine, Knöpfe u. Ä.

Die Kinder malen die Pappe oder den Karton farbig an. Dabei ist es sinnvoll, dass jeder Bogen eine eigene Farbe erhält. Die Kinder können sich auch in fünf Teams oder Paare einteilen. Durch Auslosen bekommt jedes Team eine Zahl zwischen 1 und 5 zugewiesen.

Jedes Team malt zunächst seine Zahl ganz groß auf sein Poster. Dann geht es los: Das Team mit der 2 malt auf sein Poster also beispielsweise zwei Füße, Hände, Augen, Ohren, Schuhe, Handschuhe usw. Auf die freien Stellen im Poster klebt das Zweierteam leere Käseschachteln (jeweils Deckel oder Unterteil). Die Käseschachteln können ebenfalls bunt bemalt werden. In die Käseschachteln klebt das Team immer zwei Dinge, z. B. zwei Murmeln, zwei Kastanien, zwei Knöpfe usw.

Das Viererteam malt möglicherweise die vier Himmelsrichtungen, eine Hand, die vier Finger zeigt, einen Würfel, der vier Augen zeigt usw. Alle Poster kommen an eine freie Wand und bilden eine Zahlen- und Ziffernausstellung, zu der Sie die Eltern einladen können.

Tipp:
Auch die Zahlen von 6 bis 10 können die Kinder natürlich abbilden.

Mathematische Reimrätsel

Rätselreime mit Zahlen, Mengen, Farben und Formen

Bei den folgenden Reimen müssen die Kinder Formen (Rechteck, Kreis/Kugel), Farben oder ein richtiges Zählergebnis erraten. Nicht ganz einfach, aber eine spannende Unterhaltung für Bald-Schulkinder.

Rätsel
ab 4 Jahren

Ich hab keine Kanten und auch keine Ecken,
kann mich in Hosentaschen verstecken.
(Murmel, Kugel)

Ich gebe der Sonne Farbe und Schein,
kann auch im Gänseblümcheninneren sein.
(Gelb)

So wie ich sind Wasser und Meer,
der Himmel, Tinte, manche Augen und mehr.
(Blau)

So wie ich schimmern Früchte und Beeren,
Blut und Feuer, Stoppschilder, Korallen in Meeren.
(Rot)

Blätter und Gras, Gemüse dazu,
du rätst diese Farbe bestimmt im Nu.
(Grün)

Fenster und Türen, Bilder, Papier,
welche Form stellt sich dir als Rätsel hier?
(Rechteck)

Fünf Finger sind an meiner Hand,
doch klapp ich zwei davon an den Rand,
wie viele sind übrig, weißt du das?
Zähl doch mal nach und sag mir was!
(Drei)

Ein Eierkarton mit sechs Eiern steht hier,
zwei nehm ich weg, eins schenke ich dir.
Wie viele Eier sind noch für dich da,
rechne es nach, bestimmt ist es wahr.
(Fünf)

Ein Kistchen mit drei kleinen Steinen darin,
zwei nehm ich heraus, drei leg ich hinein,
wie viele Steinchen werden es sein?
(Vier)

Ich seh aus wie ein Taco zum Futtern und Essen,
kannst drei spitze Ecken an mir messen.
(Dreieck)

Am Himmel siehst du mich von fern,
nachts leucht' ich für dich sehr gern: dein ...
(Stern)

Das Halb-und-halb-Spiel

Ein selbst gemachtes Förderspiel zur Spiegelsymmetrie

Spiegelsymmetrie ist ein Phänomen, das es in der Natur (und in der Mathematik) häufig gibt. Näheres dazu erfahren Sie im Kasten. Auf spielerische Weise schulen die Kinder hier ihre visuelle Wahrnehmung und weitere mathematische Vorreiterfähigkeiten wie logisches Denken und räumliches Vorstellungsvermögen.

Förderspiel
ab 3 Jahren

MATERIAL

- Malpapier, Tonkarton oder Pappreste in Weiß
- Scheren
- schwarze Filzstifte
- kleine Spiegel

Schneiden Sie mit den Kindern das Papier oder die Pappe auf etwa DIN-A6-Format zu: Schneiden Sie DIN-A4-Bogen einmal und dann noch einmal durch. Alle so entstandenen Kärtchen knicken die Kinder einmal vorsichtig in der Mitte. Auf eine Seite malen Sie nun die Hälfte eines Hauses, einer Burg, einer Orange, eines Teddys, eines Marienkäfers, eines Fisches usw.

In einer ersten Spielrunde malen die Kinder die zweite Hälfte spiegelgleich genau dazu. Dazu können die Kinder auch einen Spiegel verwenden und ihn an die halbe Zeichnung halten, um zu sehen, wie sie später malen müssen. Diese Art von Gegenständen, die auf jeder Seite gleich aussehen, nennt man spiegelsymmetrisch. Es gibt auch spiegelsymmetrische Buchstaben. Sie können sie in einer zweiten Runde mit auf die Kärtchen aufnehmen. Spiegelsymmetrische Buchstaben sind A, H, I, M, O, T, U, V, W, X.

In der zweiten Spielrunde zerschneiden die Kinder die Kärtchen in der Mitte am Knick. Die Kinder erhalten so eine Art „Memory“-Spiel mit halben Symbolen. Zunächst können die Kinder ohne Aufdecken versuchen, alle Symbole wieder heil zu machen, alle Hälften zuzuordnen. Als Nächstes können die Kinder nach den „Memory“-Spielregeln spielen: Alle Kärtchenhälften wild durcheinandergemischt mit der Bildseite nach unten auf den Tisch legen und die Pärchen herausfinden.

Was ist Spiegelsymmetrie?

Von Spiegelsymmetrie sprechen Wissenschaftler, wenn etwas zwei gleiche Seiten hat, also Teile, die – gespiegelt an einer sogenannten Symmetrieachse – vollkommen gleich sind. Die Achse kann dabei quer oder längs verlaufen. Beispiele: Der Buchstabe H ist quer und längs spiegelsymmetrisch, der Buchstabe T nur entlang der Längsachse.

Spülschwammgebäude

Bauen, zählen und schätzen mit Schwämmen

Spülschwämme sind ein hervorragendes Material, um mathematische und motorische Fähigkeiten zu trainieren. Für die folgenden Ideen benötigen Sie einen richtig großen Vorrat davon. Die Schwämme sollten sauber und trocken sein und in ihrer Form noch gut erkennbar. Das Gute daran: Dieses Bau- und Mathematerial ist weich und macht überhaupt keinen Krach!

Schätzspiel
ab 3 Jahren

MATERIAL

- 1 Wäschekorb
- viele Spülschwämme (in Quaderformen)
- Zettel
- Stifte
- 1 Schale oder Körbchen
- Seile

Stellen Sie den mit den Spülschwämmen gefüllten Wäschekorb bereit. Beschriften Sie die Zettel mit Zahlen, z. B. von vier bis zwölf. Falten Sie die Zettel zusammen und legen Sie alle so hergestellten Lose in ein Körbchen oder eine Schale. Die Kinder legen in einem Bereich im Raum ein Seil zu einem Kreis. In diesem Kreis ist ihr Nest. Die Kinder merken sich ihr Nest und kommen im Sitzkreis zusammen. Jedes Kind darf sich aus dem Körbchen eine Zahl ziehen. Entsprechend der Zahl darf es sich Spülschwämme aus dem Wäschekorb nehmen und in sein Nest transportieren. Manche Kinder, die eine hohe Zahl gezogen haben, müssen dafür evtl. mehrmals hin und her laufen, bis sie die richtige Anzahl in ihr Nest transportiert haben. Leisten Sie auf Anfrage Hilfestellung, aber lassen Sie die Kinder so weit wie möglich allein agieren.

Im Nest soll jedes Kind mit seinen Spülschwämmen ein Häuschen bauen. Dabei ist es vollkommen in Ordnung, wenn die Schwämme nur aufeinandergelegt werden.

Nun besuchen sich die Kinder reihum in ihren Nestern. Können die Kinder nur durch Betrachten der Häuser abzählen oder erraten, welche Zahl ein Kind gezogen hat?

Variationen:
Die Kinder können auch einfach in Kleingruppen mit den Schwämmen Häuser oder Türme bauen. Die anderen Teams oder Kinder werden dann eingeladen, die Bauwerke zu bewundern und zu schätzen, wie viele Spülschwammsteine hier verbaut wurden. Wie viele Spülschwämme ist der höchste Turm hoch? Den Kindern fallen sicherlich noch viele weitere Zähl- und Bauideen ein!

Ideenseite

Mathespiele zu Geometrie und Mengenlehre für zwischendurch

Dieses kleine Tast- und Sortierspiel bietet sich an, wenn die Kinder drinnen sind. Es unterstützt nicht nur die taktile Wahrnehmung, sondern auch die Begriffsbildung bzw. die Bildung des eigenen Wortschatzes. Auch mathematische Vorläuferfähigkeiten und logisches Denken werden beim Sortieren, Messen und Kategorisieren gefördert.

Mengen tasten

Für dieses Spiel benötigen Sie ein Säckchen aus undurchsichtigem Stoff. Die Kinder füllen es mit Eicheln, Kastanien, Steinen, Murmeln – je nach Vorrat. Reihum dürfen die Kinder blind ins Säckchen greifen und eine Handvoll Gegenstände herausnehmen. Ohne hinzusehen sollen die Kinder raten, wie viele Gegenstände sie in der Hand halten. Danach dürfen die Kinder durch Zählen überprüfen, ob sie richtig geschätzt haben.

Wäscheklammern würfeln

Einen Berg Wäscheklammern in die Tischmitte legen. Die Kinder würfeln reihum. Gemäß der Augenzahl dürfen sie Wäscheklammern wegnehmen und aneinanderklammern. Wenn die Wäscheklammern alle sind, ist das Spiel zu Ende. Die Kinder können vergleichen, wer die größte Klammernschlange gebaut hat.

Wer abgibt, gewinnt

Bei diesem Spiel bekommt jedes Kind eine Anzahl von Gegenständen, z. B. jeweils zehn Muggelsteine, Nüsse oder Murmeln. Mit einem Würfel würfeln die Kinder der Reihe nach. Je nach erwürfelter Augenzahl dürfen die Kinder die entsprechende Anzahl ihrer Gegenstände abgeben (in eine Schachtel in der Tischmitte legen). Wer als Erster seine Schätze los ist, ist Sieger.

Wattestäbchengeometrie

Mit Wattestäbchen lassen sich prima Formen nachlegen. Wattestäbchen sind dazu viel besser geeignet als beispielsweise Streichhölzer, denn sie sind ungiftig, weich und für die Kinder taktil interessant. Malen Sie mit den Kindern Legeposter: Beispielsweise malen Sie auf einen Bogen Pappe, Karton oder festes Malpapier Formen, deren Seitenlänge den Wattestäbchen entspricht, z. B. Dreiecke, Quadrate, Rechtecke, Häuser, Sterne usw. Die Kinder legen die Formen nach. Nach Wunsch können die Wattestäbchen auch an den Enden mit Klebstoff bestrichen und aufgeklebt werden, damit sie nicht verrutschen.

Hüpfhäuschen

Hüpfhäuschenspiele fördern durch viel Bewegung das Erkennen von Zahlen und Ziffern. Die Kinder zeichnen dazu einfach mit Kreide die gewohnten Hüpfkästchen auf einen geeigneten Untergrund und los geht's!

SOZIALES UND EMOTIONALES LERNEN

Soziale Kompetenz, Empathie, Emotionsregulation – und Tischmanieren

Auf den folgenden Seiten finden Sie Spiele, Reime und Ideen, die natürlich niemals das ganze Feld der sozialen und emotionalen Kompetenzen abdecken können. In den Mittelpunkt stellen die Geschichten und Gedichte daher vor allem die Bereiche, die Kinder im Kita-Alter tatsächlich erfahren und entwickeln, nämlich das Wahrnehmen von Gefühlen, erste Perspektivwechsel und Empathie. Aber auch das große Feld der „Manieren" und des „Benehmens" gehört mit zu den sozialen Kompetenzen: Essen bei Tisch, „bitte" und „danke", Begrüßen und Verabschieden. Diese Tugenden haben ebenfalls einen Platz auf den folgenden Seiten bekommen.

Das Guten-Morgen-Spiel

Ein Kreisspiel zum Begrüßen und Freundlichsein

Bei diesem Spiel geht ohne „Guten Morgen" gar nichts. Sprechen Sie doch auch in der Gruppe darüber, warum eine freundliche Begrüßung schön und wichtig ist. Wie begrüßt und verabschiedet man sich in anderen Sprachen? Gibt man sich die Hand? Küsst man sich rechts und links auf die Wange? Wer begrüßt sich wie? Können die Kinder eine besonders coole oder lustige Begrüßung vormachen?

Kreisspiel
ab 3 Jahren

Die Kinder sitzen im Stuhlkreis auf Stühlen. Ein leerer Stuhl steht dabei. Die Kinder spielen nun nach den Regeln von „Mein rechter, rechter Platz ist leer" das Guten-Morgen-Spiel: Das Kind, dessen rechter Platz leer ist, sagt z. B.: „Mein rechter, rechter Platz ist leer, ich wünsche mir den/die … her" und fügt den Namen eines im Kreis sitzenden Kindes ein. Dieses Kind steht auf und fragt: „Als was soll ich kommen?" Das andere Kind antwortet z. B.: „Als Eichhörnchen." Das Kind kann nun wie ein Eichhörnchen auf den Platz springen. Dabei sagt es: „Guten Morgen, …", fügt den Namen des Kindes ein und gibt dem anderen Kind die Hand. Das andere Kind schüttelt die Hand und antwortet: „Guten Morgen, Eichhörnchen!" So geht das Spiel weiter, bis jedes Kind einem anderen Kind „Guten Morgen" gewünscht hat.

Variationen und Erweiterungen

Daran kann sich ein Gespräch anschließen, warum es schön und wichtig ist, sich morgens und auch sonst zu begrüßen. Was sagt man zu welcher Tageszeit? Was sagt man zum Abschied? Was könnte man sich wünschen („Schönen Tag noch!", „Schönen Abend!")?

Höhlenbärmanieren

Tischmanierenreime zum Lachen und Nichtnachmachen

Tischmanieren wie ein Höhlenbär? Der Bär in diesem Nicht-Nachmachgedicht macht vor, wie man niemals essen sollte. Die Kinder wissen sicherlich, was man da besser machen könnte, oder? Lesen Sie die Reime der Reihe nach vor. Die Kinder sollen ihre Meinung dazu abgeben – und erklären, was der Bär noch alles lernen müsste.

Reime
ab 2 Jahren

Bevor es Essen gibt, wie putzig,
mach ich mich noch richtig schmutzig.

Beim Essen mit Genuss und Freude
schmatz ich gerne für die Leute.

Mit Fingern und Tatzen esse ich immer,
zum Frühstück, zu Mittag und auch bei 'nem Dinner.

Beim Essen sitz ich unterm Tisch,
gemütlich ist's dort sicherlich.

Von andern Tellern esse ich mit,
das ist für mich der größte Hit.

Schlürfen find ich richtig fein,
Getränke, Suppe, was soll's sein?

Rülpsen ist lustig und auch laut,
nach Rosenkohl und Sauerkraut.

Servietten, nein, die brauch ich nicht,
wisch mit der Tischdecke mein Gesicht.

Ich trinke die Blumenvase leer,
danach noch die Soße, ich will immer mehr.

Die Suppenschüssel kommt auf den Kopf,
ach was, ich nehm gleich den ganzen Topf.

Ich schmiere mein Brot mit Butter ganz schnell,
den Rest reibe ich mir zum Glänzen ins Fell.

Einmal die Woche putz ich meine Zähne,
falls ich nicht vorher vor Müdigkeit gähne.

Den Nachtisch lass ich mir als Erstes schmecken,
dann erst beginn ich, den Tisch zu decken.

Die Geschichte vom Drachenschatz-Zauberwort

Eine höfliche Reimgeschichte mit „bitte“ und „danke“

Bitte und danke: zwei Wörtchen, die man gern vergisst, und die so wichtig sind. In dieser gereimten Geschichte kommen Helden, Ritter und Prinzessinnen mit Unfreundlichkeit nicht weiter – und daher nicht an den Drachenschatz. Ob es eine Lösung für das Dilemma gibt?

Reimgeschichte
ab 4 Jahren

Hast du schon vom Goldschatz gehört,
den eine alte Geschichte beschwört?

Ein Drache bewacht diesen Schatz schon sehr lange,
schau ihn dir an und gleich wird dir bange.

Ein Ritter in voller Rüstung kommt an,
auch er will sehr gern an den Drachenschatz dran.

„Hopp, hopp, zur Seite, du schreckliches Tier!
Mach dich davon, mit dem Schwert droh ich dir!“

Der Drache öffnet ein Auge ganz müde.
„Wer stört mich hier so frech und so rüde?“

Pustet dem Ritter ein Wölkchen entgegen,
der Ritter schluckt Rauch, hustet, geht seiner Wege.

„Ähem“, räuspert sich da ein mutiger Held,
vor dem Drachen, der weiter Wache hält.

„Lass mich mal durch, und zwar sportlich und schnell,
sonst gibt es was Derbes aufs Drachenfell!“

Der Drache muss lachen, ein Flämmchen kommt raus,
der Held, der erschreckt sich, nimmt schreiend Reißaus.

Der Drache schlängelt sich wieder ein,
der Drachenschatz wird hier sicher sein.

Eine Prinzessin kommt an mit Schwert und Gewehr,
„Ich möchte den Goldschatz vom Drachen so sehr.

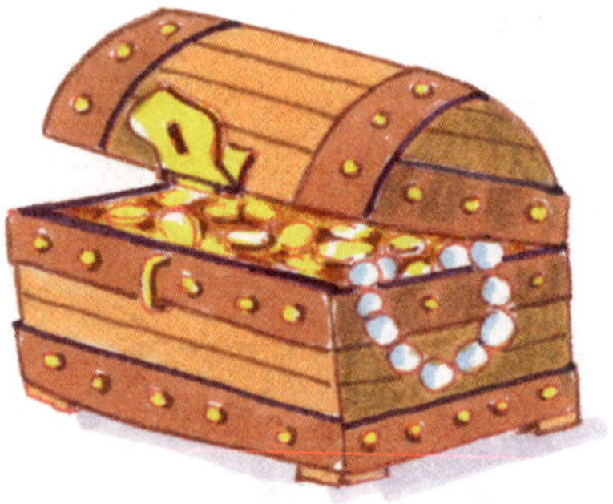

Ein Armband, ein Krönchen, ein funkelnder Stein, lass mich doch durch, sonst werd' ich gemein!“

Der Drache schnippt mit dem kleinen Zeh die Prinzessin davon, das tut zwar nicht weh,

aber weg ist die Tochter vom König im Nu, der Drache schläft ein, hat jetzt seine Ruh'.

„Entschuldigen Sie, lieber Drache, hallo!“, meldet sich da eine Stimme ganz froh.

Ein Kind steht ganz ohne Waffen vorm Drachen, streichelt ihn freundlich am Kopf und am Rachen.

„Dürfte ich bitte den Drachenschatz sehen? Dann müsstest du nur zur Seite gehen.“

Der Drache blinzelt und richtet sich auf, wirft einen Blick auf das Kindchen drauf.

„Hast du da eben wohl ‚Bitte' gesagt?“, fragt der Drache und wirkt leicht verzagt.

„Na klar“, sagt das Kind, „das gehört sich doch so, ich sag Bitte und Danke, Tschüss und Hallo!“

„Bitte ist nämlich das Zauberwort zu diesem besonderen Drachenort.“

Der Drache macht Platz, der Schatz ist sehr schön, doch noch will das Kind nicht nach Hause geh'n.

„Ach so, vielen Dank!“, sagt das Kind ganz gebannt und schüttelt dem Drachen die Drachenhand.

Der Drache schlägt ein, fliegt pfeifend nach Haus und die Geschichte vom Drachenschatz? Die ist aus!

Der traurige Zwerg

Eine empathische Geschichte übers Weinen, Lachen und Nachfragen

Sich für andere ehrlich interessieren? Sich um jemanden kümmern? In dieser Geschichte wird thematisiert, was heute manchmal aus dem Blickpunkt gerät. Die Geschichte eignet sich auch, um ein Gespräch über Gefühle zu beginnen.

Geschichte
ab 3 Jahren

Es war einmal ein Zwerg – er war gerade so groß wie ein Hocker –, der war immer traurig. Manchmal weinte er, aber manchmal blickte er auch einfach vor sich hin. Er aß ziemlich wenig, spielte nie mit anderen Zwergen und hatte keine Freunde. Denn wer will schon mit jemandem spielen, der nie lacht?

Weil der Zwerg immer so traurig war, wurde er langsam zu einer Berühmtheit im Märchenland. Fast jeden Tag kam jemand, um den Zwerg aufzumuntern. Wetten wurden abgeschlossen, ob irgendwer irgendwann den Zwerg mit irgendetwas zum Lachen bringen würde.

Die Hexe Hackebein versuchte heute ihr Glück bei dem traurigen Zwerg. Wie jeden Tag hockte der Zwerg vor seinem Häuschen auf einer Zwergenbank und blickte trübsinnig in den Wald.

„Hallöchen", sagte die Hexe Hackebein. „Guten Tag!"

„Wüsste nicht, was an diesem Tag gut sein sollte!", meckerte der Zwerg.

„Also", sagte die Hexe, „ich hab hier ein Tränkchen, das wird dich direkt zum Lachen bringen. Während du es trinkst, sage ich einen Hexenreim."

Damit gab die Hexe dem Zwerg einen Becher mit einem Trank, schwang ihren Hexenzauberstab und murmelte:

„Krötenauge, Schlangenschleim,
sollst sofort wieder lustig sein,
hickhack!"

Der Zwerg schlürfte missmutig den Trank, warf den Becher hinter sich und seufzte.

„Das bringt gar nichts!"

„Nicht?" Die Hexe wartete noch ein Momentchen.

„Seh ich etwa lustig aus? War doch klar, dass das nichts bringt!"

Gleich nachdem die Hexe Hackebein auf ihrem Besen davongeflogen war, landete der Zauberer Witzelpitz vor dem Zwerg.

„Soll ich dir einen lustigen Witz erzählen? Also: Treffen sich zwei Eisbären in der Wüste. Sagt der eine Eisbär zu dem anderen: ‚Man, müssen die hier strenge Winter haben. Alles gestreut!'"

Der Zauberer Witzelpitz schlug sich auf die Schenkel vor Lachen. Der Zwerg verzog keine Miene.

Auch der tanzende Frosch, die Fee, die Zungenbrecher sprach, der Riese, der einen Bauchtanz vorführte, und ein Wichtel, der auf den Händen laufen konnte, brachten den Zwerg nicht zum Lachen.

Und auch das sprechende Kaninchen, die Elfen, die eine Turnübung vorführten, und ein Vampir, der mit seinen Zähnen wackeln konnte, hatten keinen Erfolg.

Da kamen zwei andere Zwerge den Weg zum Zwergenhäuschen herauf. Sie setzten sich zu dem traurigen Zwerg auf die Bank.

„Sag mal, trauriger Zwerg, warum bist du denn eigentlich so traurig?", erkundigten sie sich. „Wenn du es uns sagst, fällt uns vielleicht eine Lösung ein!"

„Warum ich traurig bin?", fragte der Zwerg. „Das hat mich noch niemand gefragt. Alle haben immer nur versucht, mich zum Lachen zu bringen."

„Willst du es uns sagen?", fragten die beiden Zwerge.

Der Zwerg dachte nach, sein Gesicht erhellte sich und beinahe musste er lächeln.

„Klar, ich sag es euch gern. Ich bin so traurig, weil ich immer ganz allein bin. Alle kommen immer nur kurz vorbei, um zu sehen, ob sie mich zum Lachen bringen können. Aber niemand will bei mir bleiben."

Die beiden Zwerge grinsten sich zu.
„Also, wir bleiben gern bei dir."

Das taten die Zwerge. Zu dritt wohnten sie nun im Zwergenhäuschen. Sie machten gemeinsam sauber, putzten, räumten auf, kochten Zwergensuppe und kümmerten sich um den Zwergengarten hinter dem Haus.

Und irgendwann, als die Zwerge gerade ein Zwergenlied sangen und einer der Zwerge beim Singen niesen musste, da begann der traurige Zwerg zu lachen. Und seitdem lachte er sehr viel und sehr gern.

Die Launerasselwichtel

Ein Kreisspiel, um Launen, Stimmungen und Gefühle auszudrücken

Wie klingt eine traurige Rassel? Wie eine fröhliche? Kann man Stimmungen und Launen durch Farben und Geräusche darstellen? All das probieren die Kinder mit dieser Gestaltungsaktion und dem dazu passenden Launegedicht aus.

Kreisspiel
ab 4 Jahren

MATERIAL

- runde Käseschachteln
- Klebstoff
- Klettklebeband
- flüssige Farben
- Schwämmchen und Pinsel
- schwarze Filzstifte
- Murmeln, Steinchen, Reiskörner, getrocknete Erbsen (von abgelaufenen Packungen), Knöpfe usw.

Die Vorbereitung

Aus den Materialien stellen Sie mit den Kindern Launerasseln her. Dazu die Käseschachteln von innen und außen an Deckel und Unterteil je in einer Farbe bemalen. Stellen Sie auf diese Weise fünf unterschiedlich bunte Schachteln her, z. B. eine rote, gelbe, grüne, blaue und orangefarbige oder je nach Vorrat und Möglichkeiten. Die Schachteln gut trocknen lassen.

Mit Filzstiften malen die Kinder die Schachteln an. Die rote Schachtel erhält beispielsweise ein Wutgesicht mit zornigen Augenbrauen und knirschenden Zähnen, die gelbe ein freundliches lachendes Gesicht. Die grüne könnte einen erstaunten runden Mund und hochgezogene Augenbrauen erhalten usw. Orientieren Sie sich an Emoticons und Smileys auf Smartphones und im Internet. Hier werden Gesichtsausdrücke mit wenigen Strichen sehr gut dargestellt.

Jede Schachtel bekommt einen Verschluss aus Klettklebeband. Auf diese Weise können die Kinder die Schachtel öffnen und schließen. Die Kinder können ihre Schachteln unterschiedlich befüllen. Die Wutschachtel kann dunkel rumpelnde Murmeln bekommen, die Freudeschachtel vielleicht viele kleine klickende Steinchen. Lassen Sie die Kinder experimentieren und Geräusche Stimmungen zuordnen. Falls das den Kindern schwerfällt, ermutigen Sie die Kinder, die passenden Grimassen zu den Gefühleschachteln zu schneiden. Was könnte zu diesen Grimassen passen?

Das Spiel
Die Kinder losen aus, welches Kind welche Rassel erhält. Passend zum Text rasselt immer das Kind, dessen Rasselstimmung im Text gerade vorkommt. Die Kinder können ihre Rasseln natürlich auch zwischendurch tauschen, was mehr und neue Aufmerksamkeit von ihnen erfordert. Als Vorbereitung können Sie auch eine Rasselrunde ganz ohne Reime spielen. Sie rufen eine Stimmung, die Kinder schneiden dazu passende Grimassen und rasseln mit der passenden Käseschachtelrassel.

DAS GEDICHT

Fünf Wichtel, die gingen im Wald umher,
sie waren Freunde, sie mochten sich sehr.
Doch plötzlich, da kam hinter einem Baum
ein Untier hervor, man glaubte es kaum.

Einer der Wichtel war völlig verblüfft:
„Was hier doch so alles im Wald herumhüpft!“
Der andere Wichtel, der zitterte mehr,
mit Beinen und Armen, er fürchtet' sich sehr.

„Huhu, hallo, ich fress' euch im Nu,
erst dich, dann dich, und dann kommst noch du!“,
grunzte das Tier und rieb sich den Bauch.
„Und ihr zwei Wichtel, euch fresse ich auch.“

Die Wichtel starrten das Untier an,
es hatte Haare am Körper dran.
Lange Zähne, wie Sägen so spitz,
Krallen so lang wie ein Riesenblitz.

„Mach bloß, dass du wegkommst, du hässliches Tier,
lauf weg, aber schnell, das rate ich dir!“,
sagte ein Wichtel mit rotem Gesicht,
der war schrecklich böse und fürchtet' sich nicht.

Das Tier knurrte böse und knirscht' mit den Zähnen,
dem Angstwichtel kamen vor Furcht schon die Tränen.
„Ach je, liebe Freunde, das war's, wir sind tot!“,
weinte einer der Wichtel in Not.

Doch der fünfte Wichtel, der kicherte und lachte,
als ob ihm das Untier gar nichts ausmachte.
„Huhuhu!“ und „Hahahaha!“
So was war noch niemals da.

„Ist das nicht witzig, ich kann nicht mehr!
Dieses Tierchen mag ich sehr!“
Die anderen Wichtel wunderten sich sehr
und das Untier staunte noch mehr.

„Du weißt nicht, was hinter dir in den Büschen ist,
die Krallen geschärft, und böse grinst?
Dreimal so groß wie du, kleines Tier,
mit glühenden Augen, das sage ich dir!“

Dem Untier wurde es heiß und kalt:
Ein Monster, hier, in diesem Wald?
Noch größer als es selbst und böse?
Warum fehlten dann Lärm und auch Getöse?

Der traurige Wichtel weinte gleich wieder los:
„Was sollen wir tun, was machen wir bloß?
Uns kleine Wichtel, die frisst es ja nicht,
aber ein Untier mit mehr Gewicht ...“

Das Untier rannte los, es schaute nicht zurück,
die Wichtel, die lachten: Sie hatten Glück.
Nichts war im Busch, kein Monster zu sehen,
nun konnten sie weiter im Wald herumgehen.

Ideenseite

Spiele und Ideen für Selbstbewusstsein, Mut und Ich-Stärke

Vertrauen und Mitziehen
Die Kinder bilden Dreiergruppen. Jede Gruppe bekommt eine Decke. Ein Kind legt sich auf die Decke, die anderen beiden Kinder ziehen es behutsam (!) durch den Raum. Dabei müssen sie anderen Dreierteams ausweichen und Rücksicht auf das auf der Decke liegende Kind nehmen.

Wir-mögen-dich-Ritual
Für jedes Kind sollten Sie hier eine kleine Anzahl an Geschenken (Sticker, Nüsse, kleine Süßigkeiten) einplanen. Durch Losen wird ein erstes Kind bestimmt, das sich auf einen Stuhl setzt und eine Schale oder ein Körbchen in die Hand bekommt. Jedes Kind geht nun zu dem Kind auf dem Stuhl und legt ein kleines Geschenk in seine Schale. Dazu erklärt es, was an dem Kind besonders schätzt oder mag, z. B.: „Du kannst wirklich toll malen!" oder „Du bist immer lustig!" oder „Ich bin froh, dass du mein Freund bist." Achten Sie dabei darauf, dass die Kinder sich nur mit positiven Äußerungen beschenken. Jedes Kind sollte dabei einmal an die Reihe kommen.

Keine-Angst-Bettwäsche
Sie benötigen für jedes Kind einen weißen Kopfkissenbezug und Stoffmalfarben (Stifte oder Pinsel). Die Kissenbezüge kleben Sie mit etwas Klebeband auf der Malunterlage fest, sodass nichts verrutschen kann. Die Kinder legen sich mit Kopf und Oberkörper auf den Bezug. Ein Freund umfährt den Kopf mit dem Stoffmalstift. Alle Köpfe können die Kinder nun mit den Stoffmalfarben ausgestalten. Dabei schauen sie sich am besten zunächst selbst im Spiegel an, bevor sie ihr Konterfei auf den Bezug malen. Wer fürchtet sich schon vor sich selbst? Diese Kissenbezüge können die Kinder nachts ganz sicher beschützen.

Tipp: Bei Interesse bemalen die Kinder vielleicht auch noch Bettlaken und/oder Bettdeckenbezüge?

In den Brunnen gefallen
Alle Kinder sitzen im Sitzkreis auf dem Boden, ein Kind kommt in die Mitte. Das Kind in der Mitte lässt sich nach hinten umfallen und bleibt so liegen. Es ruft: „Hilfe, ich bin in den Brunnen gefallen!" Die anderen Kinder rufen: „Wer soll dich retten?" Das Kind im Brunnen ruft: „Der, der ..." – und setzt eine Eigenschaft oder eine Fähigkeit ein, die evtl. ein Kind im Kreis besonders hat, beispielsweise: „Der, der am besten malen kann" oder „Die, die am nettesten ist" oder „Wer am lustigsten Grimassen machen kann" usw. Die Kinder im Kreis beratschlagen, welches Kind das sein könnte. Dieses Kind darf dem Kind aufhelfen und nimmt in der nächsten Runde seinen Platz ein. Achten Sie darauf, dass jedes Kind nur einmal in der Mitte sitzt und auf diese Weise jedes Kind mit einer positiven und besonderen Eigenschaft bedacht wird.

SPRECHEN UND HÖREN

Zu- und hinhören können, auditive Wahrnehmung, Sprachrhythmus fühlen und nachempfinden, mit den Händen Geschichten erzählen

Auch ein ganzes Heft zur Spracherziehung könnte nicht all die vielen Bereiche abdecken, die beim Thema „Sprache, Sprechen und Verstehen" wichtig sind. Im folgenden Kapitel haben wir Ideen zur auditiven Wahrnehmung und Differenzierung mit einem Fingerspiel und einem Nachspielgedicht kombiniert. Zur Begleitung von feinmotorischen Lernprozessen finden Sie auf den folgenden Seiten außerdem lustige und einfache Reime, die die Kinder beim Knöpfen, Knoten und Reißverschlussschließen begleiten und ermutigen.

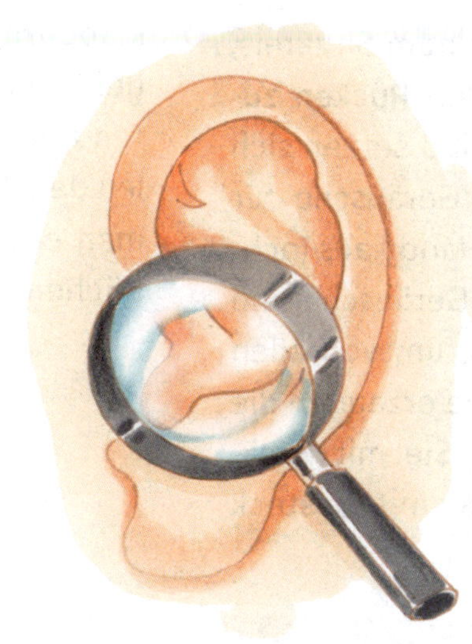

Spitzohrgeräusche

Spielideen zur auditiven Wahrnehmung

Das Erkennen und Zuordnen von Geräuschquellen zu ihren Verursachern ist ein wichtiger Baustein der auditiven Wahrnehmung. Hier sind Konzentration, Stillseinkönnen, Aufmerksamkeit und Alltagswissen gefragt. Auch die neuronalen Verbindungen im Gehirn werden bei diesem Detektivspiel aktiviert. Spielen Sie das Spiel in kleineren Gruppen, sodass auch Kinder, die im Erraten langsamer sind, Erfolgserlebnisse verzeichnen können.

Konzentrationsspiel
ab 3 Jahren

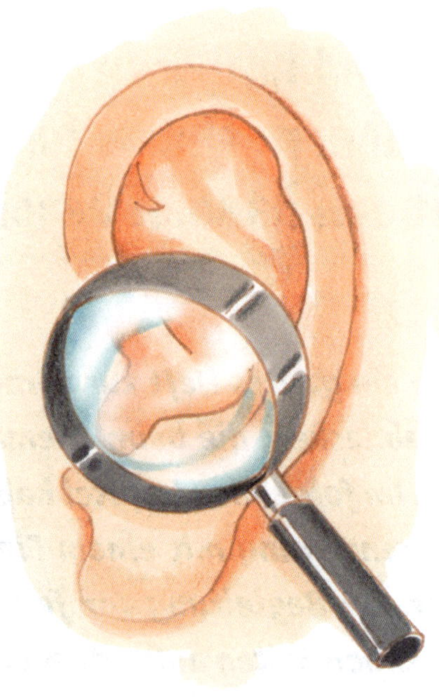

MATERIAL

- 1 Mobilfunkgerät mit einer Tierstimmen- und/oder Geräusche-App

Ebenfalls möglich:

- 1 Glöckchen
- 1 Fahrradklingel oder Wecker
- 1 Stückchen Backpapier und Alufolie
- 1 Tasse mit Löffel
- 1 kleinen Ball
- 1 Glas
- Besteck

Die Kinder sitzen diesmal in einem Sitzkreis, bei dem sie der Kreismitte den Rücken zuwenden. Sie selbst oder ein Kind setzen sich in die Mitte und spielen die Geräusche für die Kinder ab: Entweder vom Handy aus (achten Sie dann darauf, dass die Geräusche und Tierstimmen laut genug sind, um von allen verstanden zu werden) oder Sie erzeugen die Geräusche selbst, z. B. indem Sie mit Backpapier oder Alufolie knistern, mit Besteck klappern, mit dem Glöckchen oder der Klingel klingeln usw. In der nächsten Runde dürfen zwei Kinder die Geräusche erzeugen. Fallen den Kindern noch mehr Geräusche ein, die man erraten könnte (Rhythmusinstrumente, Küchenmaschinen …)?

Spinnenirrtum

Erzählen mit Händen und Fingern

Auch Spinnen irren sich hin und wieder. In dieser kleinen Fingerspielgeschichte hält die Spinne die schlafende Schildkröte leider für einen Stein – und das hat prompt einen Unfall zur Folge. Geschichten mit den Händen erzählen? Das macht den Kindern sicher Spaß.

Fingerspiel ab 2 Jahren

Es krabbelte 'ne kleine Spinn'
zu einem Stein ganz eilig hin.
(Eine Hand zur Faust ballen und auf den Tisch/Oberschenkel legen, die andere Hand krabbelt als Spinne auf den Fingerspitzen dazu)

Das Spinnchen hockt sich auf den Stein:
„Hier ist's gemütlich, hier will ich sein!"
(Die Spinnenhand krabbelt auf die Faust, dazu seufzen)

Doch was ist das? Der Stein erbebt,
das hat die Spinne noch nicht erlebt.
(Mit der Faust wackeln)

Schwupps, purzelt das Spinnchen herunter,
die Beine in die Luft, ist ja kein Wunder.
(Die Spinnenhand mit dem Handrücken nach unten hinlegen und mit den Fingern zappeln)

Ein Kopf kommt aus dem Stein hervor,
das kommt der Spinne komisch vor.
(Daumen aus der Faust strecken)

„Soll ich dir helfen, Spinnenkind?
Ich dreh dich um, geschwind, geschwind!"
(Mit dem Daumen die Spinnenhand umdrehen)

Mit einem Ruck die Spinne steht.
„Bin eine Schildkröte, wie ihr hier seht!"
(Mit den Daumen wackeln und die Faust bewegen)

Nachzählen muss nun die Spinne die Beine,
eins, zwei, drei, vier auf jeder Seite.
(Jeden Finger außer dem Daumen antippen und mit dem Finger wackeln)

Alle noch da, die Spinne hat Ruh'.
Und die Schildkröt'? Die hat schon die Augen zu.
Schnaaaarch!
(Den Daumen wieder einziehen, laut schnarchen)

Zugeknöpft

Lustige Hilfsreime fürs Knöpfen

Diese beiden Reime begleiten die Kinder beim Knöpfen. Sie benötigen ein ausrangiertes Kleidungsstück mit Knöpfen. Für den zweiten Vers sollten die Knöpfe groß sein und sich bemalen lassen.

Reime
ab 3 Jahren

DER KLEINE REGENWURM

Das Knöpfen ist für Kinder unter anderem deshalb so schwierig, weil der Knopf von unten durch das Knopfloch geführt werden soll. Darum wurde bei diesem ersten Gedicht ein Text gewählt, bei dem ein Tier von unten nach oben kriecht.

Schau, der kleine Regenwurm
will nach oben nach dem Sturm.

Huch, wie ist das eng und schwer,
der Regenwurm, der quetscht sich sehr.

Noch ein bisschen, schwupps, geschafft!
Und der Regenwurm? Der lacht!

DIE WOLKENLÜCKE

Dieser Reim thematisiert die Tatsache, dass der Knopf mit einer Seite oder Hälfte voran durch das Loch gezwängt wird und dabei gut festgehalten werden muss.

MATERIAL

- gelbe, gut deckende Farbe (z. B. Acrylfarbe)
- 1 dünnen Pinsel
- Klarlack zum Fixieren

Einen möglichst großen Knopf, mit passendem Knopfloch, mit einer gelben Sonne bemalen. Gut trocknen lassen, danach mit Klarlack überziehen und trocknen lassen.

Heute hat's die Sonne schwer,
die Wolken bilden ein Wolkenmeer.

Die Sonne sucht sich eine Lücke,
guckt sich um mit List und Tücke.

Ah, da ist ein kleiner Spalt,
da pass ich durch, und zwar schon bald!

Die Sonne quetscht die erste Hälft',
wie wär's, wenn ihr mal dabei helft?

Drücken und ziehen und schwupps ist's geschafft!
Seht nur, wie die Sonne vom Himmel lacht!

Schlingelschlangen

Mit Rhythmik zum Schleifebinden

Kita-Kinder müssen nicht unbedingt Schleifen binden können. Wenn sie aber Interesse an Schleifen haben – sei es an Schuhen, Geschenken oder Wäscheleinen –, dann sollten sie auch Gelegenheit erhalten, sich beim Knüpfen und Knoten zu erproben. Lesen Sie dazu auch auf Seite 14. Hier finden Sie Hilfsreime, die bei den ersten Knüpfversuchen hilfreich und lustig sind.

Rhythmikspiel
ab 5 Jahren

Reim für die „Zwei-Ohren-Methode“:

Ein Knoten kommt als Erstes dran,
den bring ich als Allererstes an.

Als Nächstes ein Öhrchen rund und schön,
dann kann ich ans zweite Öhrchen geh'n.

Zwei Öhrchen sitzen auf dem Knoten fest,
ich knot' sie zusammen, die Schleife sitzt fest.

Welche Technik ist besser: Öhrchen oder Standard?

Die Standardmethode bietet leichte Vorteile gegenüber den Öhrchen, denn in der Regel sitzen die hiermit fabrizierten Schleifen etwas fester. Der Nachteil ist, dass sie etwas schwieriger ist und mehr räumliches Vorstellungsvermögen erfordert.

Reim für die Standardmethode:

Ein Knoten, der sitzt ganz dick und ganz fett,
wartet auf Schlangen, das ist doch sehr nett.

Eine Schlange, schlank und schön,
die möcht' gern in einem Bogen geh'n.

Schau dir nur den Bogen an,
die Schlange strengt sich ganz schön an.

Die zweite Schlange kommt und schaut,
ob sie sich um den Bogen traut.

Kriecht drumrum und wickelt ein,
das muss ein guter Schlangentrick sein.

Eine Schleife schlingt nun die Schlang,
windet sich durch die Öffnung lang.

An beiden Schlangen ziehen und schon ist sie fest,
die Schleife setzt nun die Schlangen fest.

Zipp, zapp!

Reißverschlussreime für Jacken, Schuhe, Hosen

Reißverschlüsse sind eine tolle Erfindung, denn mit ihnen lassen sich Taschen, Kleider, Schuhe und noch viel mehr sehr schnell öffnen und schließen (mehr dazu im Kasten). Trotzdem ist das Hantieren mit Reißverschlüssen nicht auf Anhieb einfach. Die Kinder können zunächst mit Reißverschlüssen üben, bei denen keine Enden eingefädelt werden müssen, und sich dann an Jackenreißverschlüsse herantasten.

Reime
ab 2 Jahren

MONSTERMAULREIM

Für diesen Reim können Sie einen Reißverschluss verwenden, der sich seitlich (von links nach rechts oder umgekehrt) öffnen lässt und nicht von oben nach unten. Auch gut geeignet sind Sorgenfresserpüppchen oder Puppen in der Selbstmachvariante. Vorteil bei solchen Reißverschlüssen ist, dass die Enden schon eingefädelt sind und nicht mehr eingesetzt werden müssen.

„Hm, hm, hm! Mach mich mal auf!"
Das ruft ein Riesenmonstermaul.

Schnapp den Schieber zwischen zwei Finger,
zieh ihn zur Seite, das klappt bei dir immer.

Ritsch und ratsch, zieh langsam und fein,
und schon wird dein Reißverschluss offen sein.

SCHLITTENFAHRT

Für einen Reißverschluss, der sich von oben nach unten öffnen lässt, eignet sich dieser kleine Reim. Das Einfädeln von Reißverschlüssen (beispielsweise beim Zuziehen von Jacken wichtig) wird im zweiten Reim thematisiert.

Mit dem Schlitten den Berg hinunter,
fass dir den Griff mit zwei Fingern munter.

Zeigefinger und Daumen schnappen fest zu,
lass ihn nicht los, das schaffst du im Nu.

Runter fährt der Schlitten im Lauf
und der Reißverschluss ist auf.

WIEDER-ZU-REIM

Guck mal ganz unten, der kleine Verschluss,
weil hierhin das Reißverschlussende muss.

Fädel es ein, ganz genau muss es sein,
so schaffst du den Reißverschluss ganz allein.

Nun pack dir den Griff zwischen zwei Finger fest
und staune, wie gut er sich ziehen lässt.

Hoch geht's den Berg, zieh langsam, mit Ruh'
und der Reißverschluss ist wieder zu.

Einen Reißverschluss kennenlernen

Reißverschlüsse aus Metall und Kunststoff gibt es fast überall: Taschen, Schuhe, Jacken, Kleider – Reißverschlüsse sind aus unserem Alltag kaum wegzudenken. Dabei ist der Zipp, wie der Reißverschluss auch genannt wird, noch gar nicht so alt: Erst seit etwa 1850 trat der clevere Verschluss seinen Siegeszug an. Reißverschlüsse sparen im Gegensatz zu Knöpfen, Schnürungen, Häkchen und Fibeln (alles Dinge, die man vor dem Reißverschluss schon kannte) enorm Zeit: Mit einem Zipp ist alles verschlossen. Die Einzelteile eines Reißverschlusses sehen Sie auf dieser Abbildung.

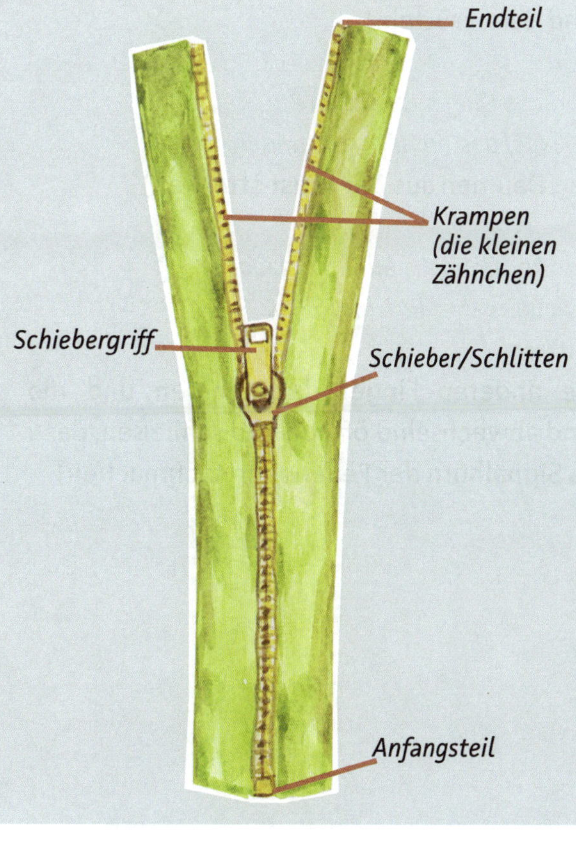

Tatütata!

Ein Feuerwehrfingerspiel in zwei Sprachen

Im Frankreich spielen Kinder das Feuerwehrfingerspiel „Les pompiers“. Ins Deutsche übersetzt büßt es etwas von seinem Charme ein. Darum finden Sie hier ein etwas abgeändertes Feuerwehrfingerspiel in deutscher Sprache. Während in Deutschland der Lärm des Martinshorns gemeinhin mit „Tatütata“ übersetzt wird, heißt die lautmalerische Umsetzung im Französischen „Pinpon“. Hören Sie sich doch vielleicht einmal mit den Kindern die unterschiedlichen Signalhörner anderer Länder im Internet an.

Fingerspiel
ab 3 Jahren

ALARM, ALARM!

Alarm, Alarm, es brennt, wacht auf,
die Feuerwehrleute stehen auf.
(Eine Hand zur Faust formen, mit der anderen Hand daran rütteln)

Der dicke Chef sitzt schon am Steuer,
ein Haus, das brennt ganz ungeheuer.
(Den Daumen aus der Faust strecken)

Dann kommen die anderen dazu,
die Feuerwehr fährt los im Nu.
Tatütata!
(Die anderen Finger dazunehmen und die Hand abwechselnd öffnen und schließen, dazu das Signalhorn der Feuerwehr nachmachen)

LES POMPIERS

Je suis le chef des pompiers!
(Beide Hände zu Fäusten formen, die Daumen herausstrecken und auf und ab bewegen)

Attention!
(Zusätzlich die Zeigefinger ausstrecken und auf- und zuklappen)

Prêt!
(Die Mittelfinger dazunehmen)

Partez!
(Beide Hände öffnen, ruhig halten)

Pinpon! Pinpon!
(Die Hände abwechselnd öffnen und schließen und so das Blaulicht darstellen)

Übersetzung:

Die Feuerwehr, ich bin der Chef der Feuerwehr, Achtung, fertig, los, tatütata!

Hüh und hott!

Ein Pferdefingerspiel in zwei Sprachen

Das Fingerspiel von den zehn kleinen Pferdchen ist im Original etwas anders als in unserem nachempfundenen deutschen Fingerreim. Beide Fingerspiele zielen auf die Verbesserung der Konzentration und Aufmerksamkeit und auf die Beweglichkeit der Finger ab.

Fingerspiel
ab 2 Jahren

ZEHN KLEINE PFERDE

Zehn kleine Pferdchen, die traben im Kreis.
(Mit beiden Händen im Kreis krabbeln)

Fünf sind fleckig und fünf sind weiß.
(Jeweils mit einer Hand herumkrabbeln)

Die Weißen traben, die Mähnen, sie weh'n,
(Eine Hand krabbelt den Arm hinauf)

die Fleckigen sind schon nicht mehr zu seh'n.
(Eine Hand krabbelt unter den Tisch oder hinter den Rücken)

Hafer und Heu, einen Stall hab ich hier,
da traben die Pferdchen ganz eilig zu mir.
Juhu!
(Mit beiden Händen krabbeln, dann die Arme hochwerfen, jubeln und „Juhu!“ rufen)

Übersetzung:

Zehn kleine Pferde galoppierten in die Stadt. Fünf waren schwarz und fünf waren braun. Sie galoppierten hinauf und hinunter und dann galoppierten sie hinaus aus der Stadt. Kannst du mir deine Pferde jetzt zeigen?

TEN LITTLE HORSES

Ten little horses
galloped into town.
(Mit beiden Händen über den Tisch oder das Bein krabbeln)

Five were black
and five were brown.
(Mit jeweils einer Hand für die schwarzen und die braunen Pferde krabbeln)

They galloped up
and they galloped down.
(Mit beiden Händen am Kind, am Tisch oder am Oberschenkel hinauf- und hinunterkrabbeln)

And they galloped right
out of the town.
Can you show me your horses now?
(Mit beiden Händen wegkrabbeln, z. B. unter die Tischplatte oder hinter den Rücken, sodass die Hände nicht mehr zu sehen sind)

Als der Wichtel sich ausgesperrt hat

Eine Reimgeschichte mit Orten, Richtungen und vielen Lagewörtern

Richtungs- und Ortsangaben sind wichtig, um sich mit Sprache in der Welt zurechtfinden zu können. Vielen Kindern (und auch manchen Erwachsenen) fällt es schwer, zwischen vorne und hinten, links und rechts zu unterscheiden. Für Kinder mit Deutsch als Zweit- oder Fremdsprache kann es schwierig sein, zu wissen, wie man Orts- oder Richtungsangaben korrekt macht. In dieser Reimgeschichte kommen ganz besonders viele solcher Angaben vor. Die Kinder können die Geschichte ganz einfach mit einem Puppenhaus oder Schuhkarton und zwei Spielzeugfiguren nachspielen.

Reimgeschichte
ab 4 Jahren

Die Wichtel Klaus hat ein sehr schönes Haus,
*er geht gern **hinein**, er geht gern **hinaus**.*

*Der Wichtel steht heute **vor** seinem Haus,*
*der Schlüssel ist weg, nicht **hinein** kann der Klaus.*

***Auf** dem Haus, ganz **oben** auf dem Dach,*
sitzt ein Rabe, der sieht Klaus und lacht.

*„He, du blöder Rabe da **oben**,*
*komm doch mal **runter** zu mir geflogen!“*

Der Rabe schüttelt den Kopf und bleibt sitzen,
*ganz **oben** auf dem Dach **auf** der höchsten Spitze.*

*Der Klaus läuft **herum** ums Wichtelhaus,*
*denn **hinten** im Hof ist die Hintertür auf …*

*… oder doch nicht, auch **hinten** ist die Tür zu.*
Der Klaus verliert nun so langsam die Ruh'.

*Der Rabe lacht, fliegt **zu** einem Ast,*
*wippt **auf** und wippt **ab**, ohne Eile und Hast.*

Der Wichtel stampft mit den Füßen vor Wut,
der Rabe lacht weiter, das findet er gut.

„Wo kann denn nur mein Schlüssel sein?
*So komme ich nie **in** mein Haus **hinein**!“*

*„Guck doch mal nach **in** deinen Taschen,*
so wie es alle Wichtel machen!“,

*rät der Rabe **hoch oben im** Baum,*
den Schlüssel findet der Wichtel kaum.

Der Wichtel muss weinen und setzt sich hin,
*stützt **auf** die Hände das schwere Kinn.*

*Dem Raben tut's leid **zwischen** Ästen und Zweigen,*
er kann den Wichtel eigentlich leiden.

*Fliegt dazu, setzt sich **neben** den Klaus,*
***vor** das verschlossene Wichtelhaus.*

Dann ruft er die Hexe Klumpfuß dazu,
*mit dem Besen ist die Hex' **vor** dem Haus im Nu.*

Die Hexe ruft einen Zauberreim,
*die Tür ist **auf**, der Klaus kann **hinein**.*

*Doch was ist denn das, da **unten** im Gras,*
da schimmert es golden, da schimmert doch was!

*Der Schlüssel liegt dort **in** der Wiese vorm Haus.*
„Ach so!“, sagt der Klaus, die Geschichte ist aus.

ICH IN MEINER WELT

Sich zurechtfinden in Raum und Zeit, Weltsicherheit, Verantwortung für den eigenen Körper übernehmen

Zu den Alltagskompetenzen, die sich Kita-Kinder optimalerweise bis zum Schuleintritt aneignen, gehören bei Weitem nicht nur Pinzettengriff und Geduld. Für die Schule, aber auch für das gesamte spätere Leben benötigen Kinder Weltsicherheit und das souveräne Wissen, zur rechten Zeit am rechten Ort dazuzugehören. Urvertrauen, Lebens- und Weltsicherheit und die Fähigkeit, für sich selbst sorgen zu können: Das sind keine Fähigkeiten, die leicht zu vermitteln sind, sondern Grundkompetenzen, die sich Kinder selbst erarbeiten können sollten. Sie dabei zu unterstützen, sollte eines der Ziele der Kita sein. Auf den folgenden Seiten finden Sie Spiel- und Gestaltungsideen, bei denen Kinder die Welt mit ihren eigenen Augen (und anderen Sinnen) erleben dürfen.

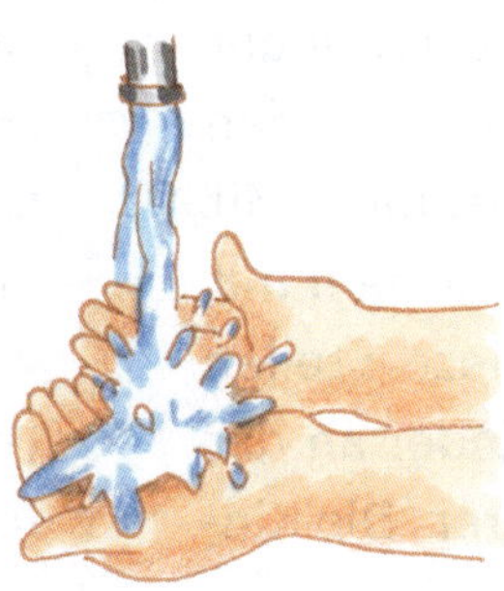

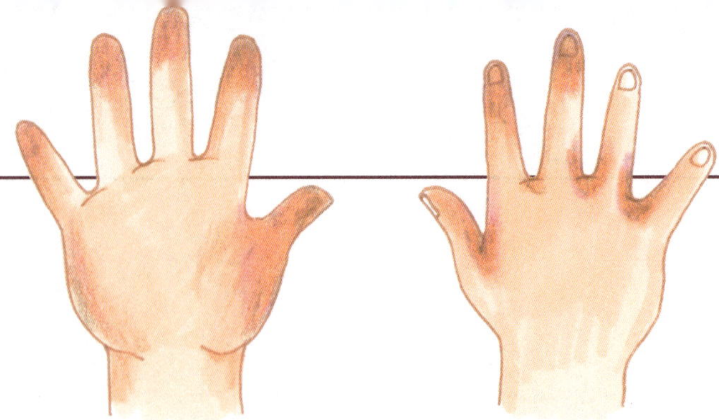

Bakterien malen

Ein Malspiel, um herauszufinden, wo die Hände am schmutzigsten sind

Unsere Hände kommen täglich mit einer großen Zahl von Viren, Keimen und Bakterien in Berührung. Häufiges Händewaschen stellt dann natürlich einen guten Schutz vor Infektionskrankheiten dar. Dazu finden Sie Ideen und Abbildungen auf den nächsten Seiten. Wie stark unsere Hände mit den mikroskopisch kleinen Lebewesen kontaminiert sind, ist erstaunlich. Manche Bakterien und Viren können stunden- oder tagelang auf der menschlichen Haut erhalten bleiben. Und obwohl manche Bakterien für den Menschen wichtig sind (beispielsweise einige Bakterien in unserem Darm, die bei der Verdauung helfen), gibt es auch schädliche Bakterien.

Malspiel
ab 3 Jahren

MATERIAL

- Wasserfarben und Pinsel, ersatzweise gut abwaschbare Filzstifte
- Waschbecken
- Seife
- Handtücher

Was glauben die Kinder, wo die Hände am schmutzigsten sind: Wo sammeln sich die meisten Bakterien? Die meisten Keime, Viren und Bakterien sammeln sich im Bereich der Hände an den Fingerspitzen (vor allem von Mittel- und Zeigefinger), in den Zwischenräumen zwischen den Fingern, zwischen Zeigefinger und Daumen, auf dem Handrücken, an den Handgelenken und am gesamten Daumen. Mit den Wasserfarben können Sie gemeinsam mit den Kindern, die das möchten, diese Stellen anmalen. Dabei können sich die Kinder an der Abbildung auf dieser Seite orientieren. Die Kinder können sich gegenseitig auch die Stellen an ihren Händen zeigen, wo sich die meisten Schmutzpartikel, Keime und Bakterien sammeln. Anschließend gehen Sie gemeinsam zum Händewaschen.

Bakterien
Sind mikroskopisch kleine Lebewesen, die aus einer einzigen Zelle bestehen. Es gibt für uns Menschen gute oder sogar wichtige Bakterien (viele Darmbakterien sind wichtig für die Verdauung) und auch schädliche Bakterien, die Krankheiten entstehen lassen können. Bakterien haben die Form einer Kugel, eines Zylinders (wie ein Würmchen), aber es gibt auch quaderförmige und sternförmige Bakterien. Man kann Bakterien nur unter dem Mikroskop erkennen, für unser Auge sind sie so gut wie unsichtbar. Die Einzahl heißt heute übrigens nicht mehr: die Bakterie, sondern: das Bakterium.

Wie viel trinkst du?

Trink- und Messspiele, um Verantwortung für die eigene Gesundheit zu übernehmen

Kinder sollten ausreichend trinken, aber was ist ausreichend? Mit diesem kleinen Spiel können die Kinder selbst herausfinden, wie viel sie trinken und ob das genug ist.

MATERIAL

- Trinkbecher aus der Kita (häufig benutzt)
- verschiedene Messbecher
- Tisch oder Tablett
- Krüge

Stellen Sie alle Materialien auf einem Tablett oder dem Tisch bereit. Was glauben die Kinder, wie viel sie am Tag trinken? Lassen Sie die Kinder dazu an einem Messbecher zeigen, wie viel sie wohl trinken. Wie viele volle Becher eines Getränks wären das wohl?

Messen Sie die empfohlene Trinkmenge für die Kinder in Ihrer Gruppe ab (Werte zur Orientierung finden Sie im Kasten). Falls Sie beispielsweise sechs vierjährige Kinder in der Gruppe haben, messen Sie ungefähr 900 ml (also knapp einen Liter) ab und zeigen Sie die Menge den Kindern. Die Vierjährigen dürfen diese Menge auf die Becher verteilen, bis alle Becher ungefähr gefüllt sind. Wie viele Becher sollten sie also am Tag trinken?

Lassen Sie die Kinder selbst weiterexperimentieren: Sind Dreijährige in Ihrer Gruppe? Können die älteren Kinder den Dreijährigen zeigen, wie viel sie trinken müssten?

Trink- und Messspiel
ab 4 Jahren

Kinder, die den ganzen Tag über die Kita besuchen, sollten selbst darauf achten lernen, dass sie auf die Anzahl an Bechern kommen, die sie selbst ausgezählt haben. Vielleicht hilft den Kindern ein Trinkvers oder ein Trinkposter dabei?

Trinkmengenempfehlungen für Kinder im Kita-Alter

1–2 Jahre	600 ml
2–3 Jahre	700–820 ml
4–7 Jahre	920 ml

Hinweis: Die Angaben beziehen sich auf Getränke wie Wasser, ungesüßte Tees, Fruchtsaftschorlen. Milch und Limonaden zählen nicht zu Getränken, sondern wegen des hohen Energiewertes als Zwischenmahlzeiten.

Quellen:
www.dge.de
www.elternwissen.de

Unser Händewaschposter

Wissen, wie man richtig Hände wäscht

Wer sich häufig die Hände wäscht, wird wahrscheinlich trotzdem irgendwann einmal krank. Allerdings stellen Studien immer wieder heraus, dass häufiges und richtiges Händewaschen einen guten Schutz vor Infektionskrankheiten darstellt. Hygienevorschriften für Kitas orientieren sich an diesen Erkenntnissen und stellen die Wichtigkeit des Händewaschens für Fachkräfte – gerade nach dem Wickeln oder einem Gang zur Toilette oder Mülltonne – immer wieder heraus.

Und die Kinder? Ein kurzes Benetzen der Hände mit Wasser vor den Mahlzeiten reicht auf keinen Fall aus, um einen Schutz vor Infektionen zu garantieren. Zur „Sauberkeitserziehung" gehört in jedem Fall auch das Wissen darüber, wie man korrekt die Hände wäscht. Wie wäre es, wenn die Kinder sich ihr eigenes Händewaschposter gestalten?

Gestaltungstipp
ab 3 Jahren

MATERIAL

- Waschbecken
- Seife
- Handtücher/Einmaltücher
- 1 großes Stück Pappe, Karton oder Tonkarton (etwa DIN A2)
- evtl. Malpapier
- Filzstifte
- evtl. zusätzlich Flüssigfarben, Pinsel und Schwämmchen
- 1 Teller
- Bleistift
- Radiergummi
- Stoppuhr oder Uhr mit Sekundenzeiger (auch möglich: Sanduhr)

Poster Nr. 1

Fragen Sie die Kinder, wie man ein Händewaschposter gestalten könnte, damit die Kinder sich immer ans richtige Händewaschen erinnern. Die Kinder können die vier Stationen auf Malblätter malen. Den großen Bogen Karton oder Pappe falls nötig farbig bemalen und trocknen lassen. Dann die vier Blätter in der richtigen Reihenfolge aufkleben. Auch möglich: Ein kleines Poster (etwa DIN A3) herstellen und anschließend laminieren. Ein solches Poster kann auch im Toilettenvorraum bei den Waschbecken aufgehängt werden.

Poster Nr. 2

Auch ein Poster zu den Situationen, in denen man die Hände waschen müsste, bietet sich an. Die Stationen finden Sie im Kasten unter „Wann muss ich waschen?". Die Kinder können die einzelnen Situationen bebildern/aufmalen und auf einem weiteren Poster für alle zugänglich machen. Vielleicht malen die Kinder eine Mülltonne für „Kontakt mit Abfällen" usw.?

Gemeinsam mit den Kindern waschen Sie die Hände. Regeln Sie die Temperatur des Wassers gemeinsam nach den Wünschen der Kinder. Dann geht es los:

Vier Regeln des Händewaschens

1) Zuerst die Hände unter fließendem Wasser gründlich befeuchten.

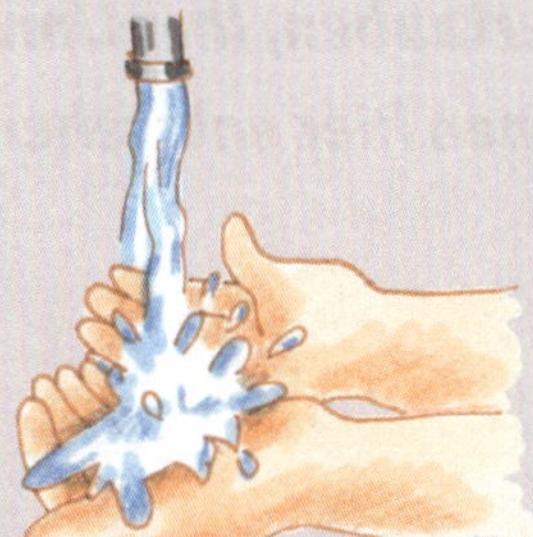

2) Die Hände einseifen und die Seife dabei folgendermaßen verreiben:
Handflächen gegeneinander,
auf dem Handrücken,
an den Handgelenken,
zwischen den Fingern.
Wichtig: Den Daumen mitwaschen!

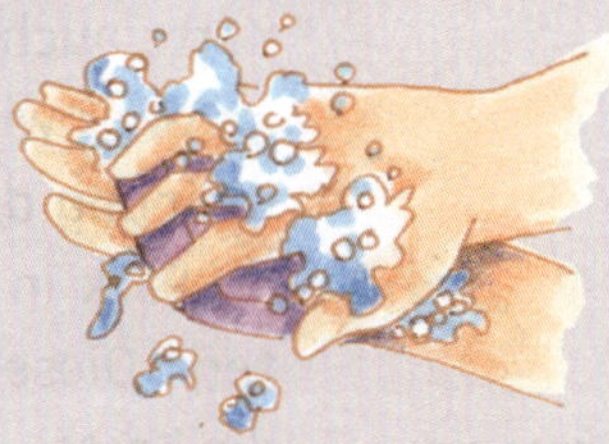

3) Die Seife unter fließendem Wasser abspülen.

4) Abtrocknen.

Die Uhr im Blick

Mit einer Stoppuhr, einer Uhr mit einem Sekundenzeiger oder einer entsprechend eingestellten Sanduhr können die Kinder testen, wie lange man mindestens Hände waschen sollte. Wie lange dauern 20 Sekunden? Stellen Sie die Uhr an und warten Sie die 20 Sekunden ab. War das lange oder kurz? Wie lange dauern 40 Sekunden?

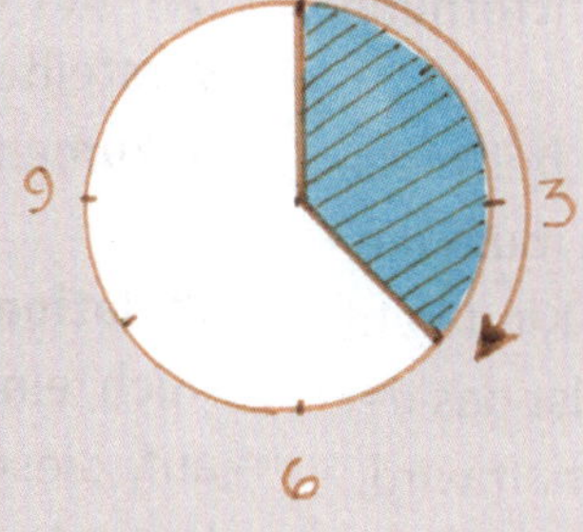

Facts zum Thema „Händewaschen"

Womit? Die richtige Seife
Beim Händewaschen mit Seife lassen sich nachweislich mehr Keime und Bakterien entfernen als ohne. Interessant: Seifen mit antibakteriellen Wirkstoffen erzielen hier keinen Vorteil. Flüssigseife aus Spendern ist hygienischer als Seifenstücke. Seifenstücke bieten Kindern dagegen ein interessantes taktiles Erlebnis.

Wie? Reiben und Rubbeln
Wer gut reibt, entfernt mit dieser Methode Schmutzstoffe und Keime wirksamer als jemand, der desinfizierende Seifen benutzt, aber aufs Reiben, Rubbeln und Abtrocknen verzichtet.

Wie warm oder kalt? Wasser
Warmes Wasser tut nicht nur Haut und Händen gut, sondern es löst – anders als kaltes Wasser – Schmutzstoffe und Keime besser.

Wie lange? Die Dauer
Die Dauer des Händewaschens hängt natürlich vom Grad der Verschmutzung ab. Wer äußerlich saubere Hände hat, sollte aber mindestens 20 Sekunden einrechnen – oder noch besser: 40 Sekunden.

Wann muss ich waschen?
Händewaschen empfiehlt sich:
Vor dem Essen
Nach dem Toilettenbesuch
Nach dem Niesen
Nach dem Schnäuzen
Nach dem Husten
Nach Kontakt mit Abfällen
Beim Nachhausekommen
Nach Kontakt mit Tieren
Nach Kontakt mit Kranken

Mein Viertel, meine Stadt

Ganz persönliche Stadtpläne malen

Einen Stadtplan vom Viertel zeichnen, in dem die Kita liegt? Hört sich schwierig an, ist aber ganz einfach – wenn Sie sich erlauben, Ihre Umwelt mit Kinderaugen zu betrachten! Erstaunliche Kunstwerke können hier entstehen.

Gestaltungstipp
ab 4 Jahren

MATERIAL

- großformatiges Malpapier (DIN A3, DIN A2)
- Bleistifte
- Radiergummis
- Buntstifte
- Filzstifte
- Klebestreifen

Befestigen Sie mit den Kindern die Malpapiere auf dem Tisch/der Unterlage mithilfe des Klebestreifens, damit nichts verrutscht. In die Mitte des Blattes kommt die Kita. Die Kinder dürfen nun um die Kita herum die Punkte einzeichnen, die ihnen wichtig sind. Dabei kommt es nicht auf den Maßstab, die echte Entfernung oder die echte räumliche Nähe an!
Wenn ein Kind in der Nähe der Kita beispielsweise einen Lieblingsbaum hat, dann muss dieser Baum auf die Karte. Ein anderes Kind liebt den Spielplatz hinter der Kita? Dann ist das der erste Punkt auf der Karte, der aufgemalt wird. Auf diese Weise entstehen sehr persönliche Karten. Sie als pädagogische Fachkraft können nach Wunsch der Kinder bei den Orten auf der Karte auch notieren, was den Kindern wichtig ist oder wie die angegebenen Stationen nach Meinung der Kinder heißen. Die Kinder haben im Park in der Nähe ein Eichhörnchen gefüttert? Dieses Eichhörnchen gehört dringend auf die Karte.
Das eigene Zuhause kann ebenfalls einen Platz auf der Karte finden. Die Karte ist zu Ende und es muss noch viel gemalt werden? Kleben Sie ein Blatt an! Alle Karten können Sie an einer Wand aushängen. Dazu können sich Fundstücke von den auf den Karten dargestellten Orten gesellen. Auf diese Weise erobern sich die Kinder die sie umgebende Welt.

Lassen Sie möglichst alle Ideen der Kinder zu, auch wenn nur ein einziges Haus auf der Karte zu sehen ist. Es ist das, was die Kinder bewegt und was für sie wichtig ist. Manchmal entstehen auf diese Weise Kunstwerke, die den unverstellten Blick eines Kindes auf „seine" Welt dokumentieren.

Variation
Auch eine Karte der Kita können die Kinder auf diese Weise herstellen. Die Karte kann kopiert werden und in Zukunft als Schatzkarten-Dummy bzw. Blankoschatzkarte dienen.

Ideenseite

Impulse und Spiele fürs Körperbewusstsein und die Orientierung in Zeit und Raum

Das Erforschen von Zeit, Raum und des eigenen Körpers ist für Kinder aller Altergruppen wichtig und grundlegend, um sich selbst und die umgebende Welt kennen und einschätzen zu lernen. Hier finden Sie im Anschluss an die Beispiele auf den vorhergehenden Seite weitere Ideen, mit denen sich die Kinder Weltwissen und Weltsicherheit erschließen.

Zeit verstehen

Wie lange dauert das Mittagessen in der Kita? Wie lange die Turneinheit im Bewegungsraum? Wie lange brauchen die Kinder, um sich für den Waldspaziergang anzuziehen? Die Kinder können sich ein Zeitposter malen, auf denen die ungefähren Zeiten von verschiedenen Tätigkeiten zu sehen sind. Zum Symbol Mittagessen (Besteck und Teller mit Spaghetti) kommt dann z. B. ein halbes Kuchenstück (für eine halbe Stunde) usw. Die Kinder können das Poster auch zuhause mit den Eltern ergänzen: Wie lange dauert die Lieblingsfernsehserie? Wie lange das Zähneputzen usw.

Die Kai-Zahnputzregel begreifen

Die KAI-Regel hilft beim Zähneputzen. Sie bedeutet, dass bei jedem Zahn die Kaufläche (K), die Außenfläche (A) und die Innenfläche (I) geputzt werden muss. Modellieren Sie mit den Kindern einen großen Backen- und einen großen Schneidezahn aus selbst härtender Modelliermasse. Nach dem Trocknen sollten Sie Ihr dentales Kunstwerk zur besseren Haltbarkeit evtl. mit Klarlack überziehen. An diesem Modell können sich die Kinder gegenseitig die einzelnen Zahnflächen zeigen. Danach zeigen die Kinder in ihrem eigenen Mund, wo die Flächen liegen.

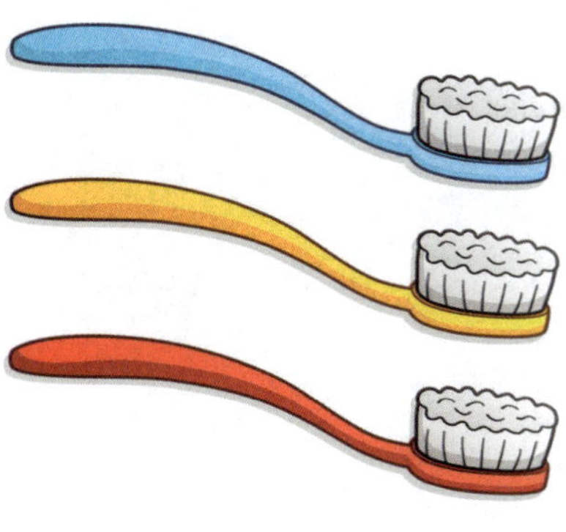

Fühlfische

Eine Meeresausstellung zum Fühlen: Die Kinder zeichnen Fische, Seesterne, Seeigel, Kraken, Korallen und Seeschlangen auf feste Pappe oder Karton. Alle Tiere werden ausgeschnitten. Die Kinder überlegen, wie sich ihr Tier anfühlen könnte und suchen passende Materialien, mit denen sie ihr Tier bekleben. Die Tiere können beispielsweise mit flüssigem Klebstoff bestrichen und dann mit Sand, kleinen Steinen, Watte, Kunstpelz, Folie usw. beklebt werden. Mutige Kinder trauen sich unter Aufsicht und mit Hilfe an Nägel und Kastanienschalen. Geduldige Kinder probieren Reiskörner (von abgelaufenen Packungen) aus. Alle Fühlfische und Tastmeeresbewohner können an einer Tastwand ausgestellt werden. Zur Ausstellung und zum Tasterlebnis können die Familien eingeladen werden.

IMPRESSUM

5. Auflage 2022

Texte:
Suse Klein

Illustrationen Umschlag und Innenteil:
Maryse Forget, Lahr

Bilderverzeichnis
Titelseite © cienpiesnf – Fotolia.com
11 © visible3dscience – Fotolia.com
15 © shlemina – Fotolia.com
17 © djmilic – Fotolia.com
19 © nezezon – Fotolia.com
24 © HitToon.com – Fotolia.com
25 © Gribanessa – Fotolia.com
31 © hibousunart – Fotolia.com
32 © Carola Vahldiek
34 © hibousunart – Fotolia.com
37 © npaveln – Fotolia.com
41 © cirodelia – Fotolia.com
43 © tanycya – Fotolia.com
46 © NextMars – Fotolia.com
52 © Aleksandra Smirnova – Fotolia.com
53 © barkarola – Fotolia.com
54 © pinipin – Fotolia.com
55 © LinaTruman – Fotolia.com
65 © ghrzuzudu – Fotolia.com

Umschlaggestaltung, Layout und Satz:
In null, nichts Mediengestaltung, Thamar Wendler,
St. Ingbert und Rheinböllen

Druck und Bindung:
Grafisches Centrum Cuno, Calbe

ISBN 978-3-7806-5110-5